Engels

A Origem da Família, da Propriedade Privada e do Estado

FRIEDRICH ENGELS

A ORIGEM DA FAMÍLIA, DA PROPRIEDADE PRIVADA E DO ESTADO

TEXTO INTEGRAL

Tradução
Ciro Mioranza

Lafonte

Título original: *Der Ursprung Der Familie, Des Privateigentaums Und Des Staats*
Copyright © Editora Lafonte Ltda., 2017

Todos os direitos reservados.
Nenhuma parte deste livro pode ser reproduzida sob quaisquer
meios existentes sem autorização por escrito dos editores.

Direção Editorial *Sandro Aloísio*
Tradução *Ciro Mioranza*
Diagramação e Capa *Eduardo Nojiri*
Ilustração *Esteban de Armas/shutterstock.com*
Revisão *André Campos Mesquita*
Colaborador *Luciano Oliveira Dias*
Produção Gráfica *Diogo Santos*
Organização Editorial *Ciro Mioranza*

Dados Internacionais de Catalogação na Publicação (CIP)
(Câmara Brasileira do Livro, SP, Brasil)

Engels, Friedrich, 1820-1895
 A origem da família, da propriedade privada e do
Estado / Friedrich Engels ; tradução Ciro Mioranza. -
- São Paulo : Lafonte, 2017.

 Título original: Der Ursprung Der Familie, Des
Privateigentaums Und Des Staats
 "Texto integral"
 ISBN: 978-85-8186-239-2

 1. Famílias - História 2. Morgan, Lewis Henry,
1818-1881. Antiga sociedade 3. O Estado
4. Propriedade - História 5. Sociedades primitivas
I. Título.

17-06433 CDD-301.7

Índices para catálogo sistemático:

1. Sociedades primitivas : Sociologia 301.7

Direitos de edição em língua portuguesa, para o Brasil,
adquiridos por Editora Lafonte Ltda.

Av. Profa. Ida Kolb, 551 – 3º andar – São Paulo – SP – CEP 02518-000
Tel.: 55 11 3855-2286
atendimento@editoralafonte.com.br • www.editoralafonte.com.br

Índice

Apresentação 7
Prefácio à Primeira Edição, de 1884 9
Prefácio à Quarta Edição, de 1891 13

A Origem da Família, da Propriedade Privada e do Estado 27

I - Estágios Pré-históricos da Civilização 29
1 - Estado Selvagem 31
2 - A Barbárie 37

II - A Família 45
1 - A Família Consanguínea 55
2 - A Família Punaluana 57
3 - A Família Pré-Monogâmica 67
4 - A Família Monogâmica 85

III - A Gens Iroquesa 111

IV - A Gens Grega 129

V - Gênese do Estado Ateniense 141

VI - A Gens e o Estado em Roma 155

VII - A Gens entre os Celtas e entre os Germânicos 167

VIII - A Formação do Estado entre os Germânicos 183

IX - Barbárie e Civilização 197

Vida e obras do Autor 222
Principais Obras 223

APRESENTAÇÃO

Friedrich Engels descreve neste livro a formação da sociedade moderna calcada na propriedade privada, na produção, no comércio e no poder do Estado. Por que então historia a origem da família? No entender de Engels, foi com a derrocada da família como subsistia nos moldes primitivos e enquanto célula-mater de uma economia de subsistência, organizada em grupos de interesses comuns, vivendo numa propriedade comum a todos e regida por leis derivadas do poder materno ou do poder paterno em que os laços de parentesco eram vitais para sua sobrevivência harmoniosa e segura e em que não havia produção de excedentes, tornando desnecessário o comércio e o decorrente acúmulo de riquezas, foi com o declínio dessa estrutura familiar primitiva que a sociedade moderna foi se formando.

Por essa razão, a origem da família tem importância neste livro. Com a família "comunista" primitiva, não havia necessidade de agricultura em grande escala, de indústria que jogasse no mercado produtos de todo tipo, uma vez que não havia compra e venda, não havia moeda e, portanto, inexistente era também qualquer espécie de comércio.

Através dos séculos e dos milênios, a família foi mudando de feições, suas regras de constituição foram-se alterando, surgem novas modalidades de vida em sociedade que, acrescidas de uma série de outros fatores, desembocam na criação de outras necessidades para além do grupo familiar, dando origem a uma agricultura praticada de modo mais intenso, a uma nascente indústria, a um contato espontâneo ou forçado com outros povos, por meio da expansão do território e da guerra, e a um decorrente sistema de troca, de compra e venda, sistema que viria a ser a atividade comercial. Todo esse novo sistema reestrutura a família de modo completamente diverso do que era em suas origens e reestrutura igualmente a posse do território, passando a dividi-lo em partes, dando origem à propriedade privada com todos os benefícios e males que dela decorrem. O resto Engels narra e analisa.

    O livro de Engels se baseia em grande parte em pesquisas e publicações do cientista americano e historiador da sociedade primitiva, Lewis Henry Morgan (1818-1881). O próprio Engels assinala que todas as ideias expostas são de Morgan e que ele só as amplia e complementa onde necessário, deixando expresso, por vezes, qual parte do texto é de Morgan e qual é a parte dele.

    De qualquer forma, é um livro de leitura fascinante. É a história de nossos antepassados mais distantes, é a história das civilizações antigas, das civilizações mais recentes e da moderna, é a história de cada um, nossa história. Foi através dos milênios que o homem se organizou para viver, de uma ou de outra forma, em sociedade. Aquela em que vivemos hoje predomina praticamente no mundo todo, calcada na propriedade, na moeda e no poder do Estado.

O tradutor

Prefácio à Primeira Edição, de 1884

As páginas que se seguem constituem, de certo modo, a execução de um testamento. Foi o próprio Karl Marx que se dispôs a expor pessoalmente os resultados das investigações de Morgan em relação com as conclusões de sua (dentro de certos limites, posso dizer nossa) investigação materialista da história e, desse modo, tornar precisamente claro todo o seu alcance. Na realidade, Morgan havia redescoberto à sua maneira, na América, a concepção materialista da história, descoberta por Marx quarenta anos antes, e, baseando-se nela, havia chegado, contrapondo barbárie e civilização, nos pontos principais aos mesmos resultados de Marx. Cumpre salientar que, como O Capital foi, durante muitos anos, plagiado e ciosamente mantido em silêncio pelos economistas oficiais na Alemanha, assim também ocorreu com a *Ancient Society* de Morgan[1] por parte dos mestres da ciência "pré-histórica" na Inglaterra. Meu trabalho só pode substituir modestamente aquilo que meu falecido amigo não chegou a escrever. Disponho, no entanto, não apenas dos excertos detalhados da obra de Morgan que Marx aproveitou, bem

---

[1] Ancient Society or Researches in the Lines of Human Progress from Savagery through Barbarism to Civilization, by Lewis H. Morgan, MacMillan and Co., 1877, London. O livro foi impresso na América e é muito difícil conseguir um exemplar dele em Londres. O autor morreu há alguns anos. (Nota de Engels)

como de anotações críticas que aqui reproduzo sempre que achar conveniente.

Segundo a concepção materialista, o fator determinante, em última instância, na história é a produção e a reprodução da vida imediata que, no entanto, se apresentam sob duas formas. De um lado, a produção de meios de subsistência, de produtos alimentícios, habitação e instrumentos necessários para isso. De outro lado, a produção do mesmo homem, a reprodução da espécie. A ordem social em que vivem os homens de determinada época histórica e de determinado país está condicionada por esses dois tipos de produção: de um lado, pelo grau de desenvolvimento do trabalho e, de outro, pela família. Quanto menos desenvolvido estiver o trabalho, quanto mais reduzida for a quantidade de seus produtos e, em decorrência, a riqueza da sociedade, tanto mais fortemente a ordem social é dominada pelos laços de parentesco. Nessa estruturação da sociedade, fundada nos laços de parentesco, a produtividade do trabalho aumenta sempre mais e, com ela, se desenvolvem a propriedade privada e as trocas, as diferenças de riqueza, a possibilidade de empregar força de trabalho alheia e, desse modo, a base dos antagonismos de classe: novos elementos sociais que, no transcorrer de gerações, procuram adaptar a velha organização social às novas condições até que, por fim, a incompatibilidade entre ambas produz uma transformação completa. A velha sociedade, baseada nos laços de parentesco, é destruída em decorrência do choque entre as classes sociais recém-formadas. Em seu lugar surge uma nova sociedade, organizada em Estado, cujas unidades inferiores já não são agrupamentos sedimentados em laços de parentesco, mas unidades territoriais, uma sociedade em que o regime familiar está totalmente submetido às relações de propriedade e na qual se desenvolvem livremente as oposições de classe as lutas de classes que constituem o conteúdo de toda a história escrita até nossos dias.

O grande mérito de Morgan é o de ter descoberto e reproduzido em seus traços principais esse fundamento pré-histórico de nossa história escrita e o de ter encontrado, nos agrupamentos por parentesco dos índios norte-americanos, a chave para desvendar importantíssimos enigmas, até agora insolúveis, da antiga história grega, romana e alemã. Seus escritos, porém, não foram trabalho de um dia. Por quase quarenta anos andou estudando seu material coletado, até conseguir dominar completamente o assunto. Por isso, seu livro é uma das poucas obras de nosso tempo que fazem época.

Na exposição a seguir, o leitor distinguirá facilmente o que é de Morgan e aquilo que eu acrescentei. Nos capítulos de história que tratam da Grécia e de Roma, não me limitei a reproduzir os documentos de Morgan, mas acrescentei aquilo que tinha à minha disposição. As partes que tratam dos celtas e dos alemães são essencialmente minhas. Neste ponto, Morgan dispunha quase somente de fontes de segunda mão. Quanto aos alemães, excetuando-se os escritos de Tácito, dispunha somente das péssimas falsificações liberais do senhor Freeman[2]. Tive de reelaborar todos os argumentos econômicos que, se eram suficientes para o objetivo de Morgan, para o meu se demonstravam de todo insuficientes. Para concluir, respondo obviamente por todas as conclusões, desde que Morgan não seja expressamente citado.

Friedrich Engels

---

[2] Trata-se de Edward A. Freeman e de seu livro Comparative Politics, Londres, 1873 [N. do T.].

Prefácio à Quarta Edição, de 1891

As edições anteriores desta obra, com grandes tiragens, estão esgotadas há uns seis meses e o editor vinha me solicitando, há algum tempo, que preparasse uma nova edição. Trabalhos mais urgentes me impediram que cuidasse disso até o presente momento. Desde o aparecimento da primeira edição já se passaram sete anos, durante os quais se verificaram significativos progressos no estudo das formas primitivas da família. Havia necessidade, portanto, de retocar e acrescentar detalhes à obra, tanto mais que se previa estereotipar o presente texto, o que me impossibilitaria, por algum tempo, de pensar em novas alterações.

Em decorrência disso, submeti todo o texto a uma cuidadosa revisão, fiz alguns acréscimos em que espero ter considerado devidamente o atual estado da ciência. Além disso, apresento mais adiante, neste prefácio, uma breve exposição sobre o desenvolvimento da história da família desde Bachofen até Morgan, sobretudo porque a escola pré-histórica inglesa, de transparente matiz chauvinista, continua fazendo todo o possível para silenciar a revolução que as descobertas de Morgan provocaram nas velhas noções da história primitiva, embora não prove o menor escrúpulo em apropriar-se dos resultados colhidos por Morgan. Também em outros lugares, no tocante a algumas passagens, segue-se com demasiada avidez o exemplo dado pelos ingleses.

Meu trabalho foi traduzido em diversos idiomas. Primeiro, em italiano, *L'Origine della famiglia, della proprietà priva e dello Stato, versione riveduta dall'autore, di Pasquale Martignetti*, Benevento, 1885. Depois, a tradução romena, *Originea familiei, proprietati private si a statului, traducere de Ioan Nadejde*, na revista de Iasi, *Contemporanul*, setembro de 1885 a maio de 1886. Depois, a dinamarquesa, *Familjens, Privatejendommens ogs Statens Oprindelse, Dansk af Forfatteren gennemgaaet Udgave, besorget af Gersom Trier*, Kobenhavn, 1888. Está no prelo uma tradução francesa de Henri Ravé, baseada na presente edição alemã.

Até o início da década de sessenta, não se pode falar de uma história da família. Nesse domínio, as ciências históricas ainda se encontravam sob a influência dos cinco livros de Moisés. A forma patriarcal da família, descrita nesses livros com pormenores não encontrados em outro lugar, era não somente aceita como a mais antiga, mas também era identificada – excetuando-se a poligamia – com a família burguesa de hoje, de modo que parecia a todos que a família não havia experimentado nenhuma evolução através da história. No máximo, admitia-se que, nos tempos primitivos, pudesse ter havido um período de ausência de qualquer norma sexual. Conhecia-se, no entanto, além da monogamia, a poligamia no oriente e a poliandria na Índia e no Tibet. Não se conseguia, porém, dispor essas três formas numa ordem sequencial histórica e figuravam juntas, uma ao lado das outras, sem conexão alguma entre si.

Também é verdade que, em alguns povos do mundo antigo e em algumas tribos selvagens ainda existentes, a descendência é contada por linha materna e não por linha paterna, tomando-se como válida somente a linha materna. Além disso, que em muitos povos contemporâneos é proibido o casamento no interior de determinados grupos maiores – naquela época ainda não estudados mais de perto – e que esse fenômeno ocorre em todas as partes do mundo. Esses fatos eram certamente conhecidos e a eles se acrescentavam novos exemplos a cada dia. Mas ninguém sabia como fazer uma abordagem segura dos mesmos. Até mesmo nas *Researches into the Early History of*

Mankind and the Development of Civilization (London, 1865) de Edward B. Tylor, figuravam como "costumes exóticos", ao lado da proibição, vigente entre algumas tribos selvagens, de tocar na lenha que ardia com qualquer instrumento de ferro e outras futilidades religiosas do gênero.

O estudo da história da família data de 1861, com o aparecimento do livro *Direito Materno* de Bachofen[1]. Nesse livro, o autor faz as seguintes afirmações: 1) – nos tempos primitivos, os homens viviam em total promiscuidade sexual – chamada impropriamente de heterismo por Bachofen; 2) – esse tipo de relações excluía qualquer possibilidade de estabelecer, com segurança, a paternidade, de modo que a filiação só podia ser contada por linha feminina, segundo o direito materno, e que isso ocorria em todos os povos antigos; 3) – por conseguinte, as mulheres, como mães, como únicos genitores conhecidos da nova geração gozavam de elevado grau de apreço e consideração chegando, segundo afirma Bachofen, ao domínio feminino absoluto (ginecocracia); 4) – a transição para a monogamia, em que a mulher passava a pertencer a um só homem, encerrava em si uma violação de uma lei religiosa muito antiga (ou seja, efetivamente uma violação do direito tradicional que os outros homens tinham sobre aquela mulher), transgressão que devia ser expiada ou cuja tolerância era compensada com a posse da mulher por outros durante determinado período.

Bachofen encontra as provas dessas teses em numerosas passagens da literatura clássica antiga, por ele reunidas com extrema diligência. A passagem do "heterismo" para a monogamia e do direito materno para o paterno se processa, segundo ele, particularmente entre os gregos, em consequência de um ulterior desenvolvimento das concepções religiosas, da introdução de novas divindades que representavam ideias novas no mundo dos deuses tradicionais, representantes das ideias antigas. Paulatinamente, os novos deuses vão relegando a um segundo plano os velhos deuses. Dessa maneira, não foi o desenvolvimento das condições reais de vida dos homens, mas o reflexo religioso dessas condições na cabeça deles que, segundo Bachofen, determinou as transformações

....
[1] Johan J. Bachofen, Das Mutterrecht, Eine Untersuchung uber di Gynaikokratie de alten Welt nach ihrer religiösen und rechtlichen Natur, Stuttgart, 1861.

históricas na situação social recíproca do homem e da mulher.

Segundo essa análise, Bachofen interpreta a Oréstia de Ésquilo como uma descrição dramática da luta entre o direito materno em declínio e o direito paterno que emergia e conseguiu triunfar na época das epopeias. Levada por sua paixão por Egisto, seu amante, Clitemnestra mata seu marido Agamenon, quando regressava da guerra de Troia. Mas Orestes, filho dela e de Agamenon, vinga o pai matando a mãe. Por essa razão, é perseguido pelas Erínias, seres demoníacos que protegem o direito materno, segundo o qual o matricídio é o mais grave e imperdoável dos crimes. Mas Apolo que, por meio de seu oráculo, havia incitado Orestes a praticar tal ato, e Atena, que intervém como juíza (as duas divindades representam aqui a nova ordem, o direito paterno), protegem Orestes. Atena ouve as duas partes. Todo o litígio se resume na discussão que se trava entre Orestes e as Erínias. Orestes alega que Clitemnestra cometeu um duplo crime ao matar o marido dela e o pai de seu filho. Por que então as Erínias perseguiam a ele e não a ela que tinha sido muito mais culpada? A resposta é surpreendente:

"Ela não tinha vínculos de sangue com o homem que matou."

O assassinato de um homem com o qual não subsistissem vínculos de sangue, mesmo que fosse o marido da assassina, era crime que podia ser expiado, mas não interessava diretamente às Erínias. Competia a elas apenas punir o homicídio entre consanguíneos. E aí, segundo o direito materno, o mais grave e imperdoável dos crimes é o matricídio. Apolo intervém então como defensor de Orestes. Atena submete o caso ao Areópago, o tribunal ateniense. Há o mesmo número de votos pela absolvição e pela condenação. Atena, como presidente do tribunal, dá então seu voto em favor de Orestes que é absolvido. O direito paterno vence o direito materno. Os "deuses da jovem geração", como são designados pelas próprias Erínias, são mais poderosos que elas e elas próprias se resignam e acabam se convencendo que lhes convém assumir a nova postura a serviço da nova ordem das coisas.

Essa nova e inteiramente correta interpretação de Oréstia é uma das melhores e mais belas passagens de todo o livro, mas prova ao mesmo tempo que Bachofen acredita, como outrora acreditava Ésquilo, nas Erínias, em Apolo e Atena, ou seja, que foram essas divindades que realizaram o milagre de derrubar, na época dos heróis gregos, o direito materno e instaurar o direito paterno. Não deixa de ser evidente que tal concepção, em que a religião aparece como a alavanca decisiva da história do mundo, conduz ao final ao puro misticismo.

Por isso, estudar a fundo o volumoso livro de Bachofen é um trabalho árduo e nem sempre compensador. Isso tudo, porém, não diminui seu mérito de inovador. Ele foi o primeiro a substituir o pensamento sobre um primitivo e desconhecido estágio de promiscuidade sexual sem norma alguma pela demonstração de que na literatura clássica antiga há uma série de vestígios, segundo os quais, antes da monogamia, existiu realmente entre os gregos e asiáticos um estado social em que não só o homem mantinha relações sexuais com diversas mulheres, mas também a mulher as mantinha com diversos homens, sem com isso violarem a moral estabelecida. Ele conseguiu provar que esse costume não desapareceu sem deixar vestígios, sob forma de necessidade para a mulher de entregar-se durante certo período a outros homens, como se fora o preço a ser pago por seu direito ao casamento único.

E mais ainda que, por esse motivo, não se podia, nos tempos primitivos, contar a descendência, a não ser por linha materna, isto é, de mãe para mãe. E que essa validade exclusiva da linha materna se manteve por muito tempo, mesmo no período da monogamia que se seguiu, com a paternidade já estabelecida ou, pelo menos, reconhecida. Por fim, essa situação primitiva das mães, como únicos genitores certos de seus filhos, assegurava-lhes, bem como às mulheres em geral, a posição social mais elevada que tiveram desde então até nossos dias. É certo que Bachofen não formulou esses princípios com tanta clareza porque sua visão mística lhe impedia. Mas ele os demonstrou e, em 1861, isso tinha o significado de uma verdadeira revolução.

O volumoso livro de Bachofen estava escrito em alemão, isto é, na língua da nação que, nesse período, menos se interessava pela pré-história da família contemporânea. Por isso, permaneceu ignorado. Seu sucessor imediato nesse domínio entrou em cena em 1865, sem jamais ter ouvido falar de Bachofen.

Esse sucessor foi John F. MacLennan, exatamente contrário a seu predecessor. Em vez do místico genial, temos aqui um árido jurista. Em vez da exuberante fantasia poética, as plausíveis combinações dos arrazoados de um advogado.

MacLennan encontra em muitos povos selvagens, bárbaros e mesmo civilizados de tempos antigos e modernos, uma forma de contrair matrimônio em que o noivo, só ou ajudado por amigos, tem de raptar a noiva da casa dos pais, simulando violência nesse ato. Esse costume deve representar um vestígio de costume anterior, pelo qual os homens de uma tribo iam realmente raptar à força suas mulheres em outras tribos. Mas como teria surgido esse "matrimônio pelo rapto"? Enquanto os homens tiveram a possibilidade de encontrar mulheres suficientes na própria tribo, não subsistia qualquer motivo para semelhante procedimento. Mas agora podemos ver, e com frequência não menor, que em povos não civilizados existem certos grupos (que em torno de 1865 ainda eram muitas vezes identificados com as próprias tribos), no seio dos quais o casamento era proibido, obrigando os homens a buscar esposas (e as mulheres, esposos) fora do grupo. A par disso, existe outro costume entre outros povos, pelo qual os homens de determinado grupo são obrigados a procurar suas esposas somente no seio de seu próprio grupo.

MacLennan chama aos primeiros de tribos exógamas e aos segundos, de tribos endógamas. Sem ir mais além em sua investigação, estabelece desde logo uma rígida oposição entre "tribos" exógamas e endógamas. E, embora em sua própria investigação sobre a exogamia fique evidente que essa oposição em muitos casos, senão na maioria ou mesmo em todos, só subsiste em sua imaginação, nem por isso deixa de estabelecê-la como base de toda a sua teoria. De acordo com ela, as tribos exógamas só podiam tomar mulheres de outras tribos e isso só podia ser feito com o rapto, dado o estado de guerra permanente que havia entre tribos, característica do estado selvagem.

MacLennan pergunta então: "De onde vem esse costume da exogamia?" Julga que as ideias de consanguinidade e de incesto nada têm a ver com ele, uma vez que essas ideias surgiram bem mais tarde. Sua causa poderia estar no costume, muito difundido entre povos selvagens, de matar as crianças do sexo feminino logo após o nascimento. Disso resultaria um excedente de homens em cada tribo isolada, acarretando como consequência imediata o fato de vários homens possuírem uma mulher em comum, ou seja, a poliandria. Disso decorria, novamente, que se sabia quem era a mãe de uma criança, mas não quem era o pai. Por isso, a ascendência era contada somente pela linha materna e não pela paterna. Era o direito materno. A falta de mulheres no seio de uma tribo – atenuada, mas não eliminada pela poliandria – provocava outra consequência, precisamente o rapto sistemático de mulheres de outras tribos.

"Como a exogamia e a poliandria procedem de uma só causa – a falta de equilíbrio numérico entre os sexos – devemos acatar que em todas as raças exógamas subsistiu primitivamente a poliandria [...] Por isso, devemos considerar como indiscutível que, entre as raças exógamas, o primeiro sistema de parentesco foi aquele que reconhecia laços de sangue apenas pelo lado materno" (McLennan, *Studies in Ancient History*, 1886, *Primitive Marriage*[2], p. 124).

O mérito de MacLennan consiste em ter apontado a difusão geral e a grande importância daquilo que ele chama de exogamia. Quanto à existência de grupos exógamos, ele não descobriu isso e muito menos o compreendeu. Sem falar das notícias anteriores e isoladas de muitos observadores – exatamente as fontes de McLennan. Latham já havia descrito, com muita precisão e pertinência, essa instituição entre os magars da Índia (Descriptive Ethnology, 1859)[3], afirmando que o fenômeno era amplamente difundido e que se verificava em todas as partes do mundo. O próprio McLennan cita essa passagem. Além disso, nosso Morgan havia igualmente verificado e descrito corretamente o fenômeno já em 1847, em suas cartas sobre os iroqueses (na *American Review*) e, em 1851, na *League of Iroquois*[4], ao passo que, como veremos adiante, a mentalidade de advogado de McLennan causou uma confusão muito maior do que a fantasia mística de Bachofen no tocante ao direito materno.

....
[2] John F. Mac Lennan, Studies in Ancient History, Comprising a Reprint of "Primitive Marriage", London, 1886.
[3] Robert G. Latham, Descriptive Ethnology, volumes I e II, London, 1859.
[4] Lewis H. Morgan, League of the Ho-dé-no-sal-nee or Iroquois, Rochester, 1851.

McLennan tem ainda o mérito de ter reconhecido como primitiva a ordem de descendência baseada no direito materno, embora, como ele próprio reconheceu mais tarde, Bachofen o tenha precedido na descrição do tema. Mas também nesse ponto, ele não vê com clareza, porquanto fala sempre em "parentesco apenas por linha feminina" (*kinship through females only*), empregando continuamente essa expressão, correta para um período anterior, igualmente para fases posteriores de desenvolvimento, em que, se é certo que a descendência e o direito de herança continuam sendo contados exclusivamente segundo a linha feminina, o parentesco por linha masculina também já era reconhecido e expresso. Trata-se da estreiteza do jurista que cria uma expressão jurídica rígida e continua a aplicá-la, sem alterá-la, a situações para as quais é inaplicável.

Parece que, apesar de toda a sua plausibilidade, a teoria de McLennan não deu sequer a seu autor a impressão de estar solidamente fundamentada. Pelo menos, chama-lhe a atenção "o fato, digno de nota, de que a forma do rapto (simulado) das mulheres seja observada mais marcada e nitidamente entre os povos em que predomina o parentesco masculino (isto é, a descendência por linha paterna)" (p. 140).

Observa ainda: "É fato curioso que, pelas notícias que temos, o infanticídio não seja um sistema implantado em parte alguma onde a exogamia e a forma mais antiga de parentesco coexistem" (p. 146). Esses dois fatos entram em choque diretamente com sua maneira de explicar as coisas e não consegue senão opor a eles novas hipóteses, mas complicadas ainda.

Apesar disso, sua teoria foi acolhida na Inglaterra com grande aprovação e simpatia. McLennan foi considerado como o fundador da história da família e a primeira autoridade nesse terreno. Sua oposição entre "tribos" exógamas e endógamas continuou sendo, por mais que se verificassem aqui e acolá exceções e modificações, a base do modo de ver dominante e transformou-se nos antolhos que tornavam impossível ver livremente todo o terreno explorado e, por isso, impedia todo progresso decisivo. Em face do exagerado valor conferido às teorias de McLennan, usual na Inglaterra e também em outros lugares onde se seguiu a moda inglesa, devemos ressaltar que, com sua oposição entre "tribos" exógamas e endógamas, baseada numa análise confusa, trouxe mais prejuízos do que benefícios com essas suas pesquisas.

Entretanto, logo começaram a vir à luz fatos e mais fatos que não se enquadravam em seu frágil esquema. McLennan conhecia somente três formas de casamento: poligamia, poliandria e monogamia. Uma vez, porém, chamada a atenção para esse ponto, encontraram-se provas, cada vez mais numerosas, de que entre povos não desenvolvidos existiam formas de casamento, nas quais vários homens possuíam em comum várias mulheres. E Lubbock (*The Origin of Civilization*, 1870)[5] reconheceu esse casamento grupal (*communal marriage*) como um fato histórico.

Logo depois, em 1871, entrou em cena Morgan com material novo e, sob muitos aspectos, decisivo. Ele se havia convencido de que o sistema de parentesco característico que vigorava entre os iroqueses era comum a todos os índios que habitavam os Estados Unidos, isto é, estava difundido em todo um continente, ainda quando entrasse em contradição direta com os graus de parentesco que decorriam do sistema de casamento que ali imperava.

Interessou então o governo americano a recolher informações sobre o sistema de parentesco dos demais povos, segundo questionários e tabelas por ele próprio elaborados. Pelas respostas obtidas, deduziu: 1) – que o sistema de parentesco dos índios americanos vigorava igualmente em numerosas tribos da Ásia e, numa forma ligeiramente modificada, também em tribos da África e da Austrália; 2) – que esse sistema encontrava sua melhor explicação numa forma de casamento grupal, em vias de extinção no Havaí e em outras ilhas australianas; 3) – que, nessas mesmas ilhas, ao lado dessa forma de casamento, subsistia um sistema de parentesco que só podia ser explicado por meio de uma forma de casamento por grupos, ainda mais primitiva, mas atualmente desaparecida.

Morgan publicou os dados coletados e as conclusões deles extraídas em seu *Systems of Consanguinity and Affinity*, em 1871[6], levando assim o debate para um terreno infinitamente mais

....
[5] John Lubbock, The Origin of Civilization and the Primitive Condition of Man, Londres, 1870.
[6] Lewis H. Morgan, Systems of Consanguinity and Affinity of teh Human Family, Washington, 1871.

amplo. Como ponto de partida, tomou os sistemas de parentesco e, reconstituindo as formas de família que lhes eram correspondentes, abriu novos caminhos para a pesquisa e criou a possibilidade de ver com maior alcance a pré-história da humanidade. Adotado esse sistema, as frágeis construções de McLennan foram reduzidas a pó.

McLennan saiu em defesa de sua teoria com uma nova edição de *Primitive Marriage* (*Studies in Ancient Historty*, 1876). Enquanto ele próprio monta uma história da família a partir de meras hipóteses e de forma extremamente artificial, exige de Lubbock e de Morgan não somente provas de cada uma de suas afirmações, mas também que essas provas sejam irrefutáveis, únicas admitidas por tribunais escoceses. E isso da parte de um homem que, apoiando-se no íntimo parentesco entre o irmão da mãe e o filho da irmã existente, entre os germânicos (Tácito, *Germania*, cap. 20) e no relato de César de que os bretões tinham suas mulheres em comum, por grupos de dez ou doze, e em todos os demais relatos de escritores antigos a respeito da posse em comum das mulheres entre os bárbaros, sem vacilar tira a conclusão de que em todos esses povos reinou a poliandria! É como se se estivesse ouvindo um promotor público que se permite todas as liberdades, mas exige do defensor a prova mais formal e juridicamente válida para cada palavra do advogado de defesa.

Afirma que o casamento em grupos seria pura imaginação e, desse modo, fica muito atrás de Bachofen. Afirma igualmente que os sistemas de parentesco em Morgan não seriam mais que simples preceitos de cortesia social, demonstrados pelo fato de que os índios, ao se dirigirem a um estranho, a um branco, também o tratam por "irmão" ou "pai". É como se pretendesse dizer que os designativos de pai, mãe, irmão e irmã fossem meras formas de se dirigir a uma pessoa, uma vez que padres e abadessas católicos são igualmente tratados de pai e mãe, e os frades e freiras, bem como os maçons e os membros dos sindicatos ingleses se tratam de "irmão" e "irmã" em suas reuniões solenes. Em resumo, a defesa de McLennan era miseravelmente fraca.

Restava ainda, contudo, um ponto no qual ele era invulnerável. A oposição das "tribos" exógamas e endógamas, base de todo o seu sistema, permanecia não somente inabalável, mas continuava reconhecida universalmente como pedra angular de toda a história da família. Admitia-se que a demonstração dessa oposição por McLennan era insuficiente e colidia com os fatos por ele mesmo apresentados. Mas a oposição em si era considerada como um evangelho indiscutível, ou seja, a existência de dois tipos, que se excluíam reciprocamente, de tribos autônomas e independentes, num dos quais as mulheres eram tomadas no seio da tribo, enquanto isso era terminantemente proibido no outro. Consulte-se, por exemplo, Giraud-Teulon em *Les Origines de la Famille* (Genebra-Paris, 1874) e ainda Lubbock, na quarta edição (1882) de sua obra *The Origin of Civilization*.

A essa altura, aparece a obra principal de Morgan, *Ancient Society* (1877), que constitui a base do presente trabalho. Aquilo que Morgan apenas entrevia de modo vago em 1871, aparece aqui desenvolvido com plena nitidez. Endogamia e exogamia não formam qualquer oposição. Até hoje, não se provou a existência em parte alguma de "tribos" exógamas. Na época, contudo, em que dominava o casamento grupal – e provavelmente existiu por toda parte, em dado momento – a tribo se dividiu num certo número de grupos, de *gens* consanguíneas por linha materna, dentro das quais estava rigorosamente proibido o casamento, de modo que os homens podiam certamente tomar suas esposas dentro da própria tribo, mas tinham de tomá-las fora de sua *gens*. Assim, se as *gens* eram rigorosamente exógamas, a tribo, que compreendia a totalidade das *gens*, era, na mesma medida, endógama. Com isso, desmoronaram definitivamente os últimos restos da construção artificial de McLennan.

Morgan, no entanto, não se contentou com isso. A *gens* dos índios americanos lhe serviu ainda para dar mais um passo e decisivo no campo por ele pesquisado. Nessa *gens*, organizada de acordo com o direito materno, descobriu a forma primitiva, a partir da qual se desenvolveu a *gens* ulterior, organizada de acordo com o direito paterno, *gens* como a encontramos entre os povos civilizados da antiguidade. A *gens* grega e romana, que tinha sido, até então, um enigma para todos os historiadores, estava explicado, tendo tomado como ponto de partida a *gens* indígena. Desse modo, encontrou-se nova base para o estudo de toda a história primitiva.

A descoberta da primitiva *gens* de direito materno como fase anterior à *gens* de direito paterno dos povos civilizados tem, para a história primitiva, a mesma importância que a teoria da evolução de Darwin para a biologia e a teoria do mais-valia de Marx para a economia política. Essa descoberta permitiu a Morgan esboçar, pela primeira vez, uma história da família em que estão estabelecidas, pelo menos as fases clássicas de sua evolução, em linhas gerais, tanto quanto o permitem os dados que hoje são de domínio público. É óbvio que com isso se iniciou uma nova era no estudo da história primitiva. A *gens* de direito materno se tornou hoje o eixo sobre o qual gira toda essa ciência. Desde sua descoberta, sabe-se que direção seguir nas pesquisas e como devem ser classificados os dados coletados. Por essa razão, foram feitos, hoje, nesse campo progressos muito mais rápidos do que antes do aparecimento do livro de Morgan.

Também na Inglaterra, as descobertas de Morgan são agora geralmente reconhecidas, melhor dito, delas se apropriam os pesquisadores dessa área. Mas quase nenhum deles confessa abertamente que é a Morgan que devemos essa revolução do pensamento. Na Inglaterra, sempre que possível seu livro é silenciado e, com relação a Morgan, contentam-se em tecer alguns condescendentes elogios a seus trabalhos anteriores. Debruçam-se com extremo esforço sobre pequenos detalhes de sua exposição, mas se omitem obstinadamente em fazer qualquer referência a suas descobertas realmente importantes.

A edição original de *Ancient Society* está esgotada. Na América, publicações sobre esse tema não vendem muito bem. Na Inglaterra, parece que o livro foi sistematicamente sabotado e a única edição dessa obra que faz época é a tradução alemã.

Por que essa reserva, na qual é difícil não perceber uma conspiração de silêncio, especialmente se forem destacadas as numerosas citações feitas por simples cortesia e outras provas de camaradagem que enchem os escritos de nossos renomados pesquisadores da pré-história? Será talvez porque Morgan é americano e, para os pesquisadores ingleses sobre pré-história, apesar do meritório esforço com que coletam material, não seria muito duro terem de depender de dois estrangeiros geniais, como o são Bachofen e Morgan, no tocante aos pontos de vista gerais indispensáveis para ordenar e agrupar esse material, em resumo, no tocante a suas ideias? O alemão ainda poderia ser tolerado, mas o americano! Perante um americano, qualquer inglês sente seus brios patrióticos se reacenderem. A respeito disso, vi exemplos muito divertidos nos Estados Unidos.

Acrescente-se ainda que McLennan foi, por assim dizer, proclamado oficialmente fundador e chefe da escola pré-histórica inglesa. De certa maneira, era de bom tom só falar de pré-história com a mais profunda admiração por sua teoria histórica, mesmo que construída de modo artificial, que partia desde o infanticídio até a família de direito materno, passando pela poliandria e pelo casamento por rapto. A mínima dúvida manifesta sobre a existência de "tribos" exógamas e endógamas, que se excluíam reciprocamente de forma absoluta, era considerada grave heresia. Por isso, ao dissipar como fumaça todos esses dogmas consagrados, Morgan cometeu uma espécie de sacrilégio. Além disso tudo, ele desfazia esses dogmas com argumentos cuja simples exposição levava qualquer um a admiti-los como evidentes, de tal forma que os admiradores de McLennan, até então vacilando desesperadamente entre exogamia e endogamia, viram-se como que obrigados a bater na cabeça e a exclamar: "Como pudemos ser tão estúpidos que não descobrimos isso nós mesmos há mais tempo?"

E como se esses crimes ainda não fossem suficientes para que a escola oficial voltasse friamente as costas a Morgan, este passou ainda dos limites não só ao criticar, de um modo que lembra Fourier, a civilização, a sociedade da produção mercantil, forma fundamental de nossa sociedade atual, mas também ao falar de uma reorganização futura dessa sociedade com palavras que poderiam ter saído da boca de Karl Marx. Foi, portanto, merecido quando McLennan, indignado, o acusou de ter "uma profunda antipatia pelo método histórico" e quando o professor Giraud-Teulon apoiou essa opinião em Genebra, em 1884. E, no entanto, a verdade é que o mesmo senhor Giraud-Teulon em 1874 (*Origines de la Famille*) andava perdido no labirinto da exogamia de McLennan, do qual só Morgan o haveria de libertar!

Não acho necessário apresentar aqui mais detalhes sobre os demais progressos que a pré-história deve a Morgan. No decorrer desse trabalho, encontra-se o que é preciso ser dito a respeito. Os catorze anos decorridos desde o aparecimento de sua obra principal aumentaram bastante nosso conjunto de dados históricos sobre as sociedades humanas primitivas. Aos antropólogos, exploradores e pesquisadores profissionais da pré-história, juntaram-se especialistas do direito comparado que trouxeram um novo material e novos pontos de vista. Em decorrência disso, algumas hipóteses de Morgan sofreram um abalo ou se tornaram até mesmo caducas. Os novos dados coletados, porém, não substituíram em parte alguma suas principais ideias por outras. A ordem por ele introduzida na pré-história é válida ainda hoje em suas grandes linhas. Pode-se até dizer que essa ordem vai sendo sempre mais reconhecida, na mesma medida em que se procura manter em segredo quem é o autor desse grande progresso[7].

----

[7] Na viagem de regresso de Nova Iorque, em setembro de 1888, encontrei um ex-deputado do Congresso, eleito pelo distrito de Rochester, que havia conhecido Lewis Morgan. Infelizmente, não soube contar muita coisa a respeito dele. Morgan teria vivido em Rochester, como cidadão privado, ocupando-se apenas de seus estudos. Um irmão dele teria sido coronel e teria ocupado um posto no Ministério da Guerra em Washington. Por intermédio desse irmão teria conseguido interessar o governo por suas pesquisas e publicar várias de suas obras a expensas públicas. Meu interlocutor também o teria ajudado por diversas vezes, quando exercia seu mandato no Congresso (Nota de Engels).

A ORIGEM DA FAMÍLIA, DA PROPRIEDADE PRIVADA E DO ESTADO

CAPÍTULO I

ESTÁGIOS PRÉ-HISTÓRICOS DA CIVILIZAÇÃO

Morgan foi o primeiro que, com conhecimento de causa, tratou de introduzir uma ordem precisa na pré-história da humanidade. Sua classificação permanecerá certamente em vigor até que um material significativamente mais rico obrigue a processar modificações.

Das três épocas principais – estado selvagem, barbárie, civilização – ele só se ocupa, naturalmente, das duas primeiras e da transição para a terceira. Subdivide cada uma das duas nas fases inferior, média e superior, de acordo com os progressos na produção dos meios de subsistência. Com efeito, ele diz: "A habilidade nessa produção desempenha um papel decisivo na supremacia do homem na terra. O homem é, entre todos os seres, o único que logrou um domínio quase absoluto sobre a produção de alimentos. As grandes épocas de progresso da humanidade coincidem mais ou menos diretamente com a ampliação das fontes de subsistência." O desenvolvimento da família é paralelo mas não apresenta características tão conclusivas para a delimitação dos períodos.

CAPÍTULO I

1 - ESTADO SELVAGEM
1 - FASE INFERIOR

Infância do gênero humano. Os homens viviam, pelo menos parcialmente, nas árvores, única forma de explicar sua sobrevivência no meio de grandes feras. Permaneciam em seus locais de origem, nas florestas tropicais e subtropicais. Frutos, nozes e raízes serviam de alimento. O principal progresso desse período é a formação da linguagem articulada. Nenhum dos povos de que se tomou conhecimento dentro do período histórico estava ainda nessa fase primitiva. Embora esse período tenha durado provavelmente muitos milênios, não podemos demonstrar sua existência com base em testemunhos diretos. Se admitirmos, contudo, que o homem descende do reino animal, devemos necessariamente aceitar esse estado de transição.

CAPÍTULO I

1 - ESTADO SELVAGEM
2 - FASE MÉDIA

Começa com o aproveitamento dos peixes (incluímos também os crustáceos, moluscos e outros animais aquáticos) na alimentação e com o uso do fogo. Os dois fenômenos são complementares porque o peixe só pode ser perfeitamente aproveitado como alimento por meio do fogo. Com essa nova alimentação, os homens se tornaram independentes do clima e do lugar. Seguindo o curso dos rios e as costas, ainda no estado selvagem puderam se espalhar pela maior parte da terra. Os toscos instrumentos de pedra sem polimento da primitiva Idade da Pedra, conhecidos como paleolíticos, pertencem todos em sua maioria a esse período e são, pelo fato de estarem dispersos por todos os continentes, prova dessas migrações. A ocupação de novas áreas e a incessante vontade de novas descobertas, ligadas à posse do fogo que era obtido por fricção, proporcionaram novos meios de alimentação, como raízes e tubérculos farináceos, cozidos em cinza quente ou em buracos no chão, e também a caça que, com a invenção das primeiras armas - a clava e a lança – se tornou um eventual suplemento para a alimentação. Nunca houve povos exclusivamente caçadores, como consta nos livros, quer dizer, povos que vivessem apenas da caça. O fruto da caça, de fato, era demasiado incerto.

A antropofagia parece ter surgido nessa fase, como consequência da permanente incerteza quanto às fontes de alimentação, tendo subsistido por muito tempo. Nessa fase média do estado selvagem, encontram-se ainda hoje os australianos e muitos polinésios.

CAPÍTULO I

1 - Estado Selvagem
3 - Fase superior

Começa com a invenção do arco e da flecha, graças aos quais os animais caçados vem a ser um alimento regular e a caça uma das ocupações normais e costumeiras. O arco, a corda e a seta já constituíam um instrumento bastante complexo, cuja invenção pressupõe larga experiência acumulada e faculdades mentais desenvolvidas, bem como o conhecimento simultâneo de diversas outras invenções. Se compararmos os povos que conhecem o arco e a flecha, mas ignoram a arte da cerâmica (com a qual, segundo Morgan, começa a passagem à barbárie), encontramos já alguns indícios de residência fixa em aldeias e certa habilidade na produção de meios de subsistência, vasos e utensílios de madeira, o tecido a mão (sem tear) com fibras de cortiça, cestos de cortiça ou junco trançados, instrumentos de pedra polida (neolíticos). Na maioria dos casos, o fogo e o machado de pedra já permitiam a construção de pirogas feitas com um só tronco de árvore e, em certas regiões, a feitura de pranchas e vigas necessárias à edificação de casas. Todos esses progressos são encontrados, por exemplo, entre os índios do noroeste da América, que conheciam o arco e a flecha, mas não a cerâmica. O arco e a flecha foram, para a época selvagem, o que a espada de ferro foi para a barbárie e a arma de fogo para a civilização: a arma decisiva.

2 - BARBÁRIE
1 - Fase inferior

Inicia-se com a introdução da cerâmica. É possível demonstrar que, em muitos casos, provavelmente em todos os lugares, nasceu do costume de cobrir com argila os cestos ou vasos de madeira, a fim de torná-los refratários ao fogo; logo descobriu-se que a argila moldada dava o mesmo resultado, sem a necessidade do vaso interior.

Até aqui, pudemos considerar o curso do desenvolvimento como um fenômeno totalmente geral, válido para determinado período de todos os povos, sem distinção de lugar. Mas, com a barbárie, chegamos a um estágio em que se impõe a diferença de condições naturais entre os dois grandes continentes. O traço característico do período da barbárie é a domesticação e criação de animais, além do cultivo de plantas. O continente oriental, o chamado mundo antigo, possuía quase todos os animais passíveis de domesticação e todos os cereais próprios para o cultivo, exceto um. O continente ocidental, a América, só tinha um mamífero domesticável, a lhama e, mesmo assim, apenas numa parte do sul; e ainda, de todos os cereais cultiváveis só tinha um, porém o melhor, o milho. Em virtude dessas condições naturais diferentes, a partir desse momento a população de cada hemisfério segue seu caminho particular e os marcos distintivos nas linhas de fronteira entre as várias fases são diferentes em cada um dos dois casos.

CAPÍTULO I

2 - BARBÁRIE
2 - Fase média

No leste, começa com a domesticação de animais. No oeste, com o cultivo de plantas alimentícias por meio da irrigação e com o emprego do tijolo cru (secado ao sol) e da pedra nas construções.

Vamos começar pelo oeste porque, nessa região, essa fase não havia sido superada em parte alguma até a conquista pelos europeus.

Entre os índios da fase inferior da barbárie (figuram aqui todos os que foram encontrados a leste do Mississipi) existia, já na época de seu descobrimento, algum cultivo do milho e talvez também da abóbora, do melão e de outros produtos hortícolas que constituíam uma parte essencial de sua alimentação. Eles viviam em casas de madeira, em aldeias protegidas por paliçadas. As tribos do noroeste, particularmente as da região do rio Colúmbia, encontravam-se ainda na fase superior do estado selvagem e não conheciam a cerâmica nem o cultivo de qualquer espécie de planta.

Pelo contrário, os índios dos chamados "pueblos" no Novo México, os mexicanos, os centro-americanos e os peruanos da época da conquista encontravam-se na fase média da barbárie. Viviam em casas de tijolo secado ao sol ou pedra, casas em forma de fortalezas, cultivavam em terras irrigadas artificialmente o milho e outras plantas comestíveis, diferentes de acordo com o lugar e o clima e que eram sua principal fonte de alimentação. Haviam chegado até a domesticar alguns animais: os mexicanos, o peru e outras aves; e os peruanos, a lhama. Além disso, sabiam trabalhar os metais, exceto o ferro, razão pela qual não conseguiam ainda prescindir das armas e instrumentos de pedra. A conquista espanhola cortou completamente todo desenvolvimento autônomo ulterior.

No leste, a fase média da barbárie começou com a domesticação de animais para o fornecimento de leite e carne, enquanto que, segundo parece, o cultivo de plantas ali permaneceu desconhecido até um ponto bem adiantado dessa fase. A domesticação de animais, a criação de gado e a formação de grandes rebanhos parecem ter sido a causa de os arianos e semitas se afastarem dos demais bárbaros. Os nomes conferidos aos animais pelos arianos da Europa e da Ásia ainda são comuns, mas o mesmo não ocorre quase com os designativos atribuídos às plantas cultivadas.

A formação de rebanhos levou, nos lugares adequados, à vida pastoril. Os semitas, nas pradarias do Tigre e do Eufrates, os arianos nos campos da Índia, do Oxo e do Iaxartes, do Don e do Dniepre. Deve ter sido nessas terras ricas em pastagens que, pela. primeira vez, conseguiu-se domesticar animais. Por isso, parece às gerações posteriores que os povos de pastores provinham de áreas que, na realidade, longe de terem sido o berço do gênero humano, eram quase inabitáveis para seus antepassados selvagens e mesmo para os homens da fase inferior da barbárie.

Inversamente, logo que esses bárbaros da fase média se habituaram à vida pastoril, jamais lhes ocorreria a ideia de abandonar voluntariamente as grandes pradarias com cursos de água e voltarem às florestas em que tinham vivido seus ancestrais. E mesmo quando foram impelidos para o norte e para o oeste, era impossível para os semitas e para os arianos se retirar para as regiões florestais do oeste da Ásia e da Europa, antes de, graças ao cultivo de cereais, estarem em condições de alimentar seu gado nesse solo menos favorável e antes de terem condições, sobretudo, de resistir ao inverno. É mais do que provável que o cultivo de cereais tenha surgido aqui, primeiramente da necessidade de alimentar os animais e que só mais tarde se tenha tornado importante para a alimentação do homem.

Talvez a evolução superior dos arianos e dos semitas se deva à abundância de carne e leite em sua alimentação e, particularmente, pelo efeito benéfico desses alimentos no desenvolvimento das crianças. De fato, os índios "pueblos" do Novo México, que estavam quase reduzidos à mera alimentação vegetal, têm o cérebro menor que o dos índios da fase inferior da barbárie que comiam mais carne e mais peixe. De qualquer maneira, nessa fase desaparece gradualmente o canibalismo que sobrevive apenas como rito religioso ou como um sortilégio, o que dá quase no mesmo.

CAPÍTULO I

2 - BARBÁRIE
3 - FASE SUPERIOR

Tem seu início com a fundição do minério de ferro e passa para a fase da civilização com a invenção da escrita e sua utilização em registros literários. Essa fase que, como foi dito, só existiu de maneira independente no hemisfério oriental, realizou-se de forma autônoma e supera todas as anteriores juntas, com relação aos progressos da produção. A ela pertencem os gregos da época dos heróis, as tribos itálicas de pouco antes da fundação de Roma, os germânicos de Tácito, os normandos do tempo dos vikings.

Antes de mais nada, encontramos aqui pela primeira vez o arado de ferro puxado por animais, o que tornou possível a prática da agricultura em grandes extensões, o cultivo dos campos. Com isso, para as condições então existentes, gerou um aumento praticamente ilimitado dos meios de subsistência. Em relação ainda com isso, pode-se observar a derrubada das matas e sua transformação em pastagens e terras cultiváveis, coisa que continuava impossível em escala maior, sem a pá e o machado de ferro. Tudo isso acarretou um rápido aumento da população e o denso povoamento em pequenas áreas. Antes do cultivo dos campos somente em circunstâncias excepcionais teriam podido reunir meio milhão de homens sob uma única direção central. Provavelmente, isso jamais deverá ter acontecido.

Nos poemas homéricos, principalmente na Ilíada, encontra-se o grau máximo de florescimento da fase superior da barbárie. A principal herança que os gregos levaram da barbárie para a civilização é constituída dos instrumentos de ferro aperfeiçoados, o fole da forja, o moinho girado à mão, a roda do oleiro, a preparação do azeite e do vinho, o desenvolvido trabalho dos metais numa produção artesanal, a carroça e os carros de guerra, a construção de barcos com pranchas e vigas, o início da arquitetura como arte, as cidades cercadas de muralhas com torres e ameias, as epopeias homéricas e o conjunto da mitologia. Se compararmos com isso as descrições feitas por César e mesmo por Tácito dos germânicos que se encontravam no início da mesma fase de civilização, a partir da qual os gregos de Homero se preparavam para passar para um estágio superior, poderemos ver como foi rico o desenvolvimento da produção na fase superior da barbárie.

O quadro do desenvolvimento da humanidadepor meio do estado selvagem e da barbárie até os inícios da civilização que acabo de esboçar, seguindo Morgan, já é bastante rico em características novas e, o que é mais importante, indiscutíveis, porquanto extraídos diretamente da produção. Esse quadro, no entanto, parecerá obscuro e incompleto, se comparado com aquele que se revelará diante de nós, no final de nosso percurso. Só então será possível apresentar com toda a clareza a transição da barbárie para a civilização e o forte contraste entre as duas. Por enquanto podemos generalizar a classificação de Morgan da forma seguinte: estado selvagem – período em que predomina a apropriação de produtos da natureza já prontos; os produtos artificiais do homem são, sobretudo, instrumentos destinados a facilitar essa apropriação; barbárie – período em que se domina a criação de gado e a agricultura e se aprende a incrementar a produção da natureza por meio da atividade humana; civilização – período de aprendizagem de novas formas de trabalhar os produtos naturais, período da indústria propriamente dita e da arte

CAPÍTULO II

A Família

Morgan, que passou grande parte de sua vida entre os iroqueses, que ainda hoje se encontram estabelecidos no Estado de Nova Iorque, e foi adotado por uma de suas tribos (a dos senecas), encontrou em vigor entre eles um sistema de parentesco que entrava em contradição com seus laços de família efetivos. Reinava entre eles aquela espécie de casamento facilmente dissolúvel por ambas as partes que Morgan designou de "pairing family" (família juntada, acasalada)[1]. A descendência de semelhante casal era notória e reconhecida por todos. Não subsistia qualquer dúvida quanto às pessoas a quem se aplicavam os designativos de pai, mãe, filho, filha, irmão, irmã. Mas o uso efetivo desses designativos constituía uma contradição.

O iroquês não somente chama filhos e filhas a seus próprios, mas ainda aos de seus irmãos, os quais, por sua vez, o chamam de pai. Os filhos de suas irmãs, entretanto, ele os chama de sobrinhos e sobrinhas, e é chamado de tio por eles. Inversamente, a iroquesa

---

[1] A expressão "pairing family" de Morgan é traduzida por Engels para o alemão como "Paarungsfamilie". Para não fixá-la em português por família ajuntada, família acasalada, família formada de um par, de um casal, expressões que podem criar muita confusão, preferiu-se usar a expressão família pré-monogâmica, indicando a etapa da família que precede imediatamente a monogamia (NT).

chama filhos e filhas os de suas irmãs, além dos próprios e aqueles tanto quanto estes a chamam de mãe. Mas chama sobrinhos e sobrinhas os filhos de seus irmãos, os quais a chamam de tia. De igual modo, os filhos de irmãos tratam-se entre si como irmãos e irmãs e o mesmo fazem os filhos de irmãs. Os filhos de uma mulher e os de seu irmão, em contrapartida, chamam-se reciprocamente primos e primas. E não são simples designativos, mas a expressão de noções efetivamente em vigor que eles têm do próximo e do distante, do igual e do desigual no parentesco consanguíneo. Essas noções servem de base para um sistema de parentesco perfeitamente elaborado e capaz de expressar várias centenas de diferentes relações de parentesco de um único indivíduo.

Mais ainda, esse sistema está em vigor não somente entre todos os índios americanos (até agora não foram encontradas exceções), mas também subsiste, quase sem nenhuma modificação, entre os aborígines da Índia, entre as tribos dravídicas do Dekan e as tribos gauras do Industão. As expressões de parentesco dos tâmeis do sul da Índia e dos iroqueses senecas do Estado de Nova Iorque ainda hoje coincidem em mais de duzentas relações de parentesco diferentes. E entre essas tribos da Índia, bem como entre os índios americanos, esses laços de parentesco resultantes da forma de família vigente estão em contradição com o sistema de parentesco.

Como explicar esse fenômeno? Considerando o papel decisivo desempenhado pelo parentesco na ordem social de todos os povos selvagens e bárbaros, a importância de tão difundido sistema não pode ser explicada por simples junção de palavras. Um sistema que vigora em toda a América, que existe na Ásia em povos de raças completamente diferentes e do qual se encontram formas mais ou menos modificadas por toda parte na África e na Austrália, precisa ser explicado historicamente; não pode ser simplesmente eliminado do debate, como quis fazer, por exemplo, Mac Lennan.

Os designativos pai, filho, irmão, irmã não são simples títulos honoríficos, mas implicam sérias obrigações recíprocas, bem determinadas, e cujo conjunto forma uma parte essencial da organização social desses povos. E a explicação foi encontrada.

Nas ilhas Sandwich (Havaí), ainda subsistia, na primeira metade deste século, uma forma de família que apresentava os mesmos pais e mães, irmãos e irmãs, filhos e filhas, tios e tias, sobrinhos e sobrinhas do sistema de parentesco dos índios americanos e dos aborígines da Índia. Curiosamente, porém, o sistema de parentesco em vigor no Havaí também não correspondia à forma de família ali efetivamente existente. Nessas ilhas, todos os filhos de irmãos e irmãs, sem exceção, são irmãos e irmãs entre si e são considerados filhos comuns, não só de sua mãe e das irmãs dela, ou de seu pai e dos irmãos dele, mas também de todos os irmãos e irmãs de seus pais e de suas mães, sem distinção. Assim, se por um lado o sistema americano de parentesco pressupõe uma forma de família mais primitiva, que não existe mais na América, mas que ainda encontramos de fato no Havaí, por outro lado, o sistema havaiano nos indica uma forma de família ainda mais primitiva que já não é encontrada hoje, deve, porém, ter existido, do contrário, não poderia ter surgido o sistema de parentesco que a ela corresponde.

Morgan diz: "A família é um princípio ativo. Nunca permanece estacionária, mas passa de uma forma inferior a uma forma superior, à medida que a sociedade evolui de uma condição inferior para outra superior. Os sistemas de parentesco, pelo contrário, são passivos só registrando, depois de longos intervalos, os progressos feitos pela família e só mudam radicalmente quando a família já se modificou radicalmente."

Karl Marx acrescenta: "O mesmo acontece, em geral, com os sistemas políticos, jurídicos, religiosos e filosóficos." Enquanto a família prossegue vivendo, o sistema de parentesco se fossiliza e, enquanto esse continua subsistindo pela força do costume, a família o ultrapassa. Mas, com a mesma segurança com que Cuvier pôde concluir, a partir de ossos de marsupiais de um esqueleto encontrado perto de Paris, que esse esqueleto pertencia a um marsupial e que marsupiais, ainda que extintos, ali tinham vivido em tempos remotos, com a mesma segurança podemos concluir, a partir do sistema de parentesco que chegou historicamente até nossos dias, que existiu uma forma de família a ele correspondente, ainda que hoje extinta.

Os sistemas de parentesco e formas de família que acabamos de mencionar diferem dos de hoje pelo fato de cada filho ter vários pais e mães. No sistema de parentesco americano, ao qual corresponde a família havaiana, um irmão e uma irmã não podem ser pai e mãe de um mesmo filho. O sistema de parentesco havaiano, porém, pressupõe uma família em que isso era regra. Estamos, portanto, diante de uma série de formas de família que estão em contradição direta com as até agora habitualmente admitidas como as únicas em vigor. A concepção tradicional conhece apenas a monogamia, além da poligamia de um homem e talvez da poliandria de uma mulher, silenciando ao mesmo tempo, como convém ao filisteu moralizante, que a prática, de forma tácita mas sem barreiras, passa por cima desses limites impostos pela sociedade oficial.

O estudo da história primitiva revela-nos, em contrapartida, situações em que os homens praticam a poligamia ao mesmo tempo em que suas mulheres praticam a poliandria e, portanto, os filhos de uns e outros tinham de ser considerados comuns. Essas situações, por sua parte, ao passarem por uma série de transformações, convergem finalmente para a monogamia. Essas transformações são compreendidas dentro de um processo paulatino: o círculo da união conjugal comum, que era muito amplo em sua origem, estreita-se pouco a pouco até que, finalmente, compreende apenas o casal isolado que hoje predomina.

Reconstruindo retrospectivamente a história da família, Morgan chega, de acordo com a maioria de seus colegas, à conclusão de que existiu uma época primitiva em que reinava, no seio da tribo, o comércio sexual sem limites, de modo que cada mulher pertencia igualmente a todos os homens e cada homem igualmente a todas as mulheres. Já se falava desse estado primitivo no século passado, mas apenas em formulações genéricas. Só Bachofen — e este é um de seus grandes méritos — o levou a sério e procurou seus vestígios nas tradições históricas e religiosas. Sabemos hoje que os vestígios descobertos por ele não conduzem a nenhum estado social de promiscuidade sexual sem limitesde, mas sim a uma forma muito mais tardia, a do casamento por grupos. Aquele estado social primitivo, caso tenha realmente existido, pertence a uma época tão remota que não podemos esperar encontrar provas diretas de sua existência, nem mesmo nos fósseis sociais, entre os selvagens mais atrasados. O mérito de Bachofen consiste precisamente em ter posto em primeiro plano o estudo dessa questão.[2]

Ultimamente, tornou-se moda negar esse período inicial na vida sexual do homem. Pretende-se poupar à humanidade essa "vergonha". E, para isso, na falta de provas diretas, recorrem principalmente ao exemplo do resto do reino animal. Neste, Charles Letourneau (*L'Evolution du mariage et de la Famille*, Paris, 1888) foi buscar numerosos fatos, segundo os quais a promiscuidade sexual completa só é própria das espécies inferiores. De todos esses fatos, porém, só posso tirar a conclusão de que não provam absolutamente nada quanto ao homem e suas primitivas condições de vida. A união por longo tempo entre os vertebrados pode ser explicada de modo suficiente por motivos fisiológicos. Entre as aves, por exemplo, deve-se à necessidade de proteção à fêmea no período de incubação. Os exemplos de fiel monogamia que se encontram entre as aves nada provam com relação ao homem, já que este não descende de aves. E, se a estrita monogamia é o ápice de toda virtude, então quem merece a palma é a tênia solitária que, em cada um de seus cinquenta a duzentos anéis, possui um aparelho sexual masculino e feminino completo, e passa a vida inteira copulando consigo mesma em cada um desses anéis.

Se, no entanto, nos limitarmos aos mamíferos, neles encontramos todas as formas de vida sexual: ausência de qualquer norma, união por grupos, poligamia, monogamia. Falta apenas a poliandria que só o ser humano chegou a experimentar. Mesmo nossos parentes mais próximos, os quadrúmanos, apresentam todas as variedades possíveis de ligação entre machos e fêmeas. Se restringirmos ainda mais os limites e considerarmos exclusivamente

---

[2] Bachofen prova quão pouco compreendeu o que havia descoberto, ou antes adivinhado, ao designar esse estado primitivo de "heterismo". Quando os gregos introduziram esta palavra, "heterismo" significava para eles relações sexuais de homens solteiros ou vivendo em monogamia com mulheres não casadas. O "heterismo" supunha sempre uma determinada forma de casamento, fora da qual essas relações sexuais se realizam e admite, pelo menos como possibilidade, a prostituição. A palavra jamais foi usada com outro sentido e assim a utilizo eu, como também Morgan. Bachofen leva todas as suas importantíssimas descobertas a um grau de misticismo incrível, pois imagina que os laços surgidos historicamente entre homem e mulher teriam se originado das ideias religiosas da humanidade em cada época e não de suas condições reais de vida. (Nota de Engels)

as quatro espécies de macacos antropóides, Letourneau só sabe dizer que eles vivem ora na monogamia, ora na poligamia, enquanto Saussure, segundo Giraud-Teulon, afirma que são monógamos.

Também as afirmações apresentadas recentemente por Westermarck (*The History of Human Marriage*, Londres, 1891), a respeito da monogamia dos macacos antropóides, estão longe de serem provas. Em resumo, os dados são de tal ordem que o honesto Letourneau concorda que "não há nos mamíferos nenhuma relação rigorosa entre o grau de desenvolvimento intelectual e a forma das relações sexuais". E Alfred Espinas (Des Sociétés Animales, Paris, 1877) diz com toda a franqueza: "A horda é o mais elevado dos grupos sociais que podemos observar nos animais. Parece composta de famílias, mas já em sua origem a família e a horda são antagônicas. Elas se desenvolvem na razão inversa uma da outra."

Pelo que acabamos de ver, nada sabemos de definitivo sobre os agrupamentos das famílias e outros agrupamentos sociais dos macacos antropóides. As informações que possuímos se contradizem frontalmente. Isso não é de admirar. Como são contraditórias e quanto necessitam ser comprovadas por um exame crítico as notícias que temos das tribos humanas no estado selvagem! Mas as sociedades dos macacos são muito mais difíceis de observar que as dos homens. Por isso, enquanto não dispusermos de informações mais amplas, devemos recusar qualquer conclusão que possa ser extraída desses relatos que não inspiram crédito.

Entretanto, a mencionada passagem de Espinas nos fornece um ponto de apoio melhor. A horda e a família, nos animais superiores, não são complementos recíprocos mas sim elementos opostos. Espinas descreve muito bem como o ciúme dos machos no período do cio relaxa ou suprime momentaneamente os laços sociais da horda. Assim escreve:

"Onde a família está intimamente unida, não vemos hordas se formarem, salvo raras exceções. Pelo contrário, as hordas se constituem quase que naturalmente onde reina a promiscuidade ou a poligamia [...] Para que surja a horda, é necessário que os laços familiares se tenham relaxado e o indivíduo tenha recobrado sua liberdade. É por isso que as hordas organizadas são raras entre as aves [...] Em contrapartida, é entre os mamíferos que vamos encontrar sociedades mais ou menos organizadas, precisamente porque nessa classe o indivíduo não é absorvido pela família [...] Assim, pois, a consciência coletiva da horda não pode ter em sua origem um inimigo maior do que a consciência coletiva da família. Não hesitemos em dizê-lo: se uma sociedade superior à família foi implantada, isso foi devido somente ao fato de que a ela se incorporaram famílias profundamente alteradas, conquanto isso não exclua a possibilidade de, mais tarde, essas famílias poderem se reconstituir sob condições infinitamente mais favoráveis." (Espinas, citado por Giraud-Teulon em *Origines du Mariage et de la Famille*, 1884, pp. 518-520).

Nisso se pode ver que as sociedades animais têm com efeito certo valor para tirarmos conclusões concernentes às sociedades humanas, mas um valor aplicável somente num sentido negativo. Pelo que nos é dado por ora conhecer, os vertebrados superiores conhecem somente duas formas de família: a poligâmica e a monogâmica. Em ambos os casos só se admite um macho adulto, apenas um marido. Os ciúmes do macho, a um só tempo laço e limite da família, colocam a família animal em oposição à horda. A horda, forma social superior, torna-se impossível em certas ocasiões e, em outras, relaxa-se ou se dissolve durante o período do cio. Na melhor das hipóteses, a continuação de seu desenvolvimento é contida pelos ciúmes do macho. Isso é suficiente para provar que a família animal e a sociedade humana primitiva são coisas incompatíveis e que os homens primitivos, na época em que lutavam para sair da animalidade, não conheciam nenhuma forma de família ou, quando muito, conheciam uma forma que não subsistia entre os animais.

Um animal tão indefeso, como aquele que estava por tornar-se homem, podia sobreviver em reduzido número, inclusive numa situação de isolamento, em que a forma de sociabilidade mais evoluída era o casal, como o atribuído por Westermarck ao gorila e ao chimpanzé, baseando-se em relatos de caçadores. Mas para sair da animalidade, para realizar o maior progresso que a natureza conhece, era necessário mais um elemento: a substituição da insuficiente capacidade de defesa do indivíduo isolado pela união de forças e pela ação comum da horda. Partindo das condições em que vivem hoje os macacos antropóides, a transição para a humanidade seria simplesmente inexplicável. Esses macacos dão-nos mais a impressão de linhas colaterais desviadas que vão gradualmente seguindo o caminho da extinção e que, no mínimo, encontram-se em processo de decadência. Isso é por si só suficiente para rechaçar todo paralelo entre suas formas de família e as do homem primitivo.

A tolerância recíproca entre os machos adultos e a ausência de ciúmes constituíam a primeira condição para formar esses grupos maiores e duradouros que eram os únicos em cujo seio podia ocorrer a transformação do animal em homem. E, de fato, que encontramos como forma mais antiga e primitiva da família, cuja existência possamos comprovar irrefutavelmente pela história e que ainda hoje podemos estudar em certos lugares? É o casamento grupal, forma em que grupos inteiros de homens e grupos inteiros de mulheres se possuem mutuamente, deixando bem pouca margem para os ciúmes. Além disso, numa fase posterior de desenvolvimento, encontramos a forma excepcional da poliandria que exclui, em medida ainda maior, qualquer sentimento de ciúmes e que, por isso, é desconhecida entre os animais. Uma vez, porém, que as formas de casamento por grupos que conhecemos são acompanhadas de condições tão peculiarmente complicadas que apontam, necessariamente, para formas anteriores e mais simples de relações sexuais e, desse modo, em última análise, para um período de relações promíscuas, correspondente à transição da animalidade para a humanidade, então as referências aos casamentos animais nos conduzem de novo ao mesmo ponto de onde nos deveríamos ter afastado de uma vez por todas.

Que significam relações sexuais sem restrições? Significa que não se aplicavam os limites proibitivos vigentes hoje ou numa época anterior. Já vimos cair a barreira dos ciúmes. Se algo é definitivamente certo é que o ciúme é um sentimento que se desenvolveu relativamente tarde. O mesmo vale para a ideia de incesto. Não só irmão e irmã eram marido e mulher, como também, ainda hoje, em muitos povos são permitidas as relações sexuais entre pais e filhos. Hubert Bancroft (*The Native Races of the Pacific*

States of North America, Leipzig, 1875) testemunha a existência dessas relações entre os kaviats do estreito de Behring, entre os kaviats do Alasca e os tinnehs do interior da América do Norte inglesa. Letourneau reuniu numerosos relatos sobre os mesmos fatos entre os índios chippewas, os cucus do Chile, os caribes e os karens da Indochina. Isso, sem falar do que contam os antigos gregos e romanos a respeito dos partos, dos persas, dos citas, dos hunos, etc. Antes da invenção do incesto (porque é uma invenção, aliás, das mais valiosas), as relações sexuais entre pais e filhos não podia ser mais repugnante do que aquelas que ocorriam entre outras pessoas de gerações diferentes, coisa que ocorre em nossos dias até nos países mais beatos, sem causar grande horror. Até mesmo "solteironas" de mais de setenta anos se casam, se forem bastante ricas, com jovens de cerca de trinta anos.

Se despojarmos, porém, as formas de família mais primitivas que conhecemos das noções de incesto que a elas estão ligadas (noções completamente diferentes das nossas e que muitas vezes as contradizem frontalmente), chegaremos a uma forma de relações sexuais que só pode ser chamada de relação sexual promíscua, no sentido de que ainda não existiam as restrições impostas mais tarde pelos costumes. Mas disso não se deduz, de modo algum, que na prática cotidiana reinasse inevitavelmente a promiscuidade. As uniões temporárias por pares não ficam excluídas, em absoluto, e ocorrem, na maioria dos casos, mesmo no casamento por grupos. E se Westermarck, o último a negar semelhante estado primitivo, designa de casamento qualquer situação em que os dois sexos convivem até o nascimento de um filho, pode-se dizer que esse casamento podia muito bem ocorrer nas condições de relações sexuais promíscuas, sem contradizer a ausência de normas, isto é, a ausência de barreiras impostas pelos costumes às relações sexuais. É verdade que Westermarck parte do ponto de vista de que "a promiscuidade envolve a supressão das inclinações individuais", de modo que "sua forma mais genuína é a prostituição". Parece-me, ao contrário, que será impossível formar a menor ideia das condições primitivas enquanto elas forem observadas pela ótica de um prostíbulo. Voltaremos a tratar desse assunto quando falarmos do casamento por grupos.

Segundo Morgan, desse estado primitivo de relações promíscuas, provavelmente bem cedo, formaram-se:

....

[3] Numa carta escrita na primavera de 1882, Marx condena com os mais ásperos termos a total falsificação dos tempos primitivos constante no texto dos Nibelungos de Wagner. "Onde já se viu que o irmão abraçasse a irmã como noiva?" A esses "deuses da luxúria" de Wagner que, num estilo mais moderno, tornam suas aventuras amorosas mais picantes com certa dose de incesto, Marx responde: "Nos tempos primitivos, a irmã era esposa e isso era moral." (nota de Engels, edição de 1884).

Um amigo francês, grande admirador de Wagner, não concorda com essa nota e observa que já na Edda mais antigo, no qual Wagner se baseou, em Ögisdrecka, Loki dirige a Freya esta recriminação: "Abraçaste teu próprio irmão diante dos deuses." Parece, portanto, que já nessa época o casamento entre irmãos estava proibido. O Ögisdrecka, no entanto, é expressão de uma época em que a crença nos velhos mitos já estava completamente destruída. Constitui uma simples sátira, no estilo de Luciano, contra os deuses. Se Loki, como Mefistófeles, repreende dessa forma Freya, isso parece antes um argumento contra Wagner. Poucos versos adiante, Loki diz também a Niördhr: "Geraste um filho com tua irmã (vidh systur thinni gaztu slikan mög). Niördhr não é um Ase, mas sim um Vane e na saga dos Inglinga se diz que no país dos Vanes os casamentos entre irmão e irmã eram permitidos, o que não acontecia entre os Ases. Isso pareceria provar que os Vanes eram deuses mais antigos que os Ases. De qualquer maneira, Niördhr vive entre os Ases em situação de igualdade e assim o Ögisdrecka é uma prova de que, no tempo do surgimento das sagas divinas norueguesas, o casamento entre irmãos, pelo menos entre os deuses, ainda não causava qualquer repulsa. Se se pretende desculpar Wagner, então não se deveria recorrer à Edda, mas a Goethe que, na balada O Deus e a Bailarina, comete um erro semelhante em relação ao dever religioso da mulher de entregar-se nos templos, rito que Goethe compara em demasia com a prostituição moderna (Nota de Engels, edição de 1891).

Capítulo II

A Família
1 - A família Consanguinea

É a primeira etapa da família. Nela, os grupos conjugais se separam por gerações. Todos os avôs e avós, dentro dos limites da família, são, em seu conjunto, maridos e mulheres entre si. O mesmo ocorre com os respectivos filhos, quer dizer, com os pais e mães. Os filhos destes, por sua vez, constituem o terceiro círculo de cônjuges comuns e seus filhos, bisnetos dos primeiros, o quarto círculo. Nessa forma de família, portanto, só os ascendentes e os descendentes, os pais e os filhos, estão reciprocamente excluídos dos direitos e deveres (como poderíamos dizer) do casamento. Irmãos e irmãs, primos e primas, em primeiro, segundo e restantes graus, são todos entre si irmãos e irmãs entre si e, precisamente por isso, todos maridos e mulheres uns dos outros. Nesse estágio, o vínculo de irmão e irmã pressupõe por si a relação sexual entre ambos.[3]

Exemplo típico dessa família seriam descendentes de um casal, na qual, por sua vez, os descendentes de cada geração sucessiva fossem todos entre si irmãos e irmãs e, precisamente por isso, maridos e mulheres uns dos outros.

A família consanguínea desapareceu. Nem mesmo os povos mais atrasados de que fala a história apresentam qualquer exemplo que a comprove. Mas o que nos obriga a reconhecer que ela deve ter existido é o sistema de parentesco havaiano, ainda hoje em vigor em toda a Polinésia e que expressa graus de parentesco consanguíneo que só podem ter surgido com essa forma de família. Somos levados a admiti-lo também por todo o desenvolvimento posterior da família que pressupõe essa forma como estágio anterior necessário.

Capítulo II — A Família
2 - A família Punaluana

Se o primeiro progresso na organização da família consistiu em excluir os pais e os filhos das relações sexuais entre si, o segundo foi a exclusão dos irmãos. Esse progresso foi infinitamente mais importante que o primeiro e, também, mais difícil, dada a maior igualdade nas idades dos envolvidos. Foi ocorrendo pouco a pouco, provavelmente começando pela exclusão de relações sexuais entre irmãos uterinos (isto é, irmãos por parte de mãe), a princípio em casos isolados e depois, gradativamente, como regra geral (no Havaí, ainda neste século se verificavam exceções) e terminando pela proibição do casamento até entre irmãos colaterais, quer dizer, segundo nossos atuais designativos de parentesco, entre primos carnais, primos em segundo e terceiro graus.

Segundo Morgan, esse progresso constitui "uma ótima ilustração de como atua o princípio da seleção natural". Sem dúvida, nas tribos em que esse progresso limitou a união consanguínea deve ter havido um progresso mais rápido e mais completo que naquelas em que o casamento entre irmãos e irmãs continuou sendo norma e obrigação. Até que ponto se fez sentir a ação desse progresso o demonstra a instituição da *gens*, nascida diretamente dele e que ultrapassou de muito seus objetivos iniciais. A *gens* formou a base da ordem social da maioria, senão da totalidade, dos povos bárbaros do mundo e dela passamos, na Grécia e em Roma, imediatamente para a civilização.

Cada família primitiva teve de cindir-se, o mais tardar, depois de algumas gerações. A economia doméstica do comunismo primitivo, que predomina com exclusividade até uma fase bem avançada da barbárie média, prescrevia uma extensão máxima da comunidade familiar que era variável segundo as circunstâncias, mas muito bem definida em cada lugar. Mas, recém surgida, a ideia da impropriedade da união sexual entre filhos de mesma mãe deve ter exercido sua influência na cisão das velhas comunidades domésticas (*Hausgemeinde*) e na formação de outras novas comunidades que não coincidiam necessariamente com o grupo familiar. Um ou mais grupos de irmãs tornaram-se o núcleo de uma comunidade e seus irmãos uterinos, o núcleo de outra. Da família consanguínea surgiu, dessa ou de outra maneira análoga, a forma de família que Morgan designa família punaluana.

Segundo o costume havaiano, certo número de irmãs uterinas ou mais afastadas (isto é, primas em primeiro, segundo e em graus mais distantes) eram mulheres comuns de seus maridos comuns, dos quais ficavam excluídos, no entanto, seus próprios irmãos. Esses maridos, por sua parte, não se chamavam entre si irmãos, pois já não tinham necessidade de sê-lo, mas "punalua" que quer dizer, companheiro íntimo, como que "associé" (associado, sócio). De igual modo, uma série de irmãos uterinos ou mais afastados tinham em casamento comum certo número de mulheres, com exclusão de suas próprias irmãs, e essas mulheres se chamavam entre si "punalua". Esse é o tipo clássico de uma formação de família (*Familienformation*) que admitiu, mais tarde, uma série de variações, e cujo traço característico essencial era a comunidade recíproca de maridos e mulheres dentro de um determinado círculo familiar, do qual foram excluídos, todavia, no princípio, os irmãos das mulheres, primeiro os uterinos e, mais tarde, também os irmãos mais afastados e, inversamente, o mesmo ocorrendo, portanto, com as irmãs dos maridos.

Essa forma de família nos apresenta agora, com a mais perfeita exatidão, os graus de parentesco, da maneira como os expressa o sistema americano. Os filhos das irmãs de minha mãe são também filhos desta, assim como os filhos dos irmãos de meu pai o são também deste, e todos eles são irmãs e irmãos meus. Mas os filhos dos irmãos de minha mãe são sobrinhos e sobrinhas desta, assim como os filhos das irmãs de meu pai são sobrinhos e sobrinhas deste, e todos são meus primos e primas. De fato, enquanto os maridos das irmãs de minha mãe são também maridos desta e, igualmente, as mulheres dos irmãos de meu pai são também mulheres deste – de direito, mesmo que nem sempre de fato –, o repúdio social pelas relações sexuais entre irmãos e irmãs levou à divisão dos filhos de irmãos e irmãs, até então indistintamente considerados irmãos e irmãs entre si, em duas classes: uns continuam sendo, como antes, irmãos e irmãs (colaterais) entre si; os outros, filhos em alguns casos do irmão e em outros casos da irmã, já não podem mais continuar como irmãos e irmãs, já não podem ter pais comuns, nem o pai, nem a mãe, nem os dois juntos; e por isso se torna necessária aqui, pela primeira vez, a classe dos sobrinhos e sobrinhas, dos primos e primas, categoria que não teria sentido algum no sistema familiar anterior.

O sistema de parentesco americano, que parece inteiramente absurdo em qualquer forma de família que, de um ou de outro modo, baseia-se na monogamia, explica-se de maneira racional até em seus menores detalhes e tem fundamentação natural na família punaluana. A família punaluana, ou qualquer forma semelhante, deve ter existido pelo menos na mesma medida em que se difundiu e prevaleceu esse sistema de parentesco.

Essa forma de família, cuja existência no Havaí está comprovada, teria sido também comprovada provavelmente em toda a Polinésia, se os piedosos missionários, tal como antigamente os frades espanhóis na América, tivessem conseguido ver nessas relações anticristãs algo mais que uma simples "abominação".[4]

Quando César nos conta dos bretões (os quais, naquele tempo, estavam na fase média da barbárie) que "cada dez ou doze homens

....

[4] Os vestígios das relações sexuais sem restrição, a chamada "Sumpfzeugung" que Bachofen diz ter descoberto, remontam ao casamento por grupos, de que hoje já não se pode duvidar. "Se Bachofen considera "sem lei" esses casamentos punaluanos, um homem daquele período consideraria a maior parte dos casamentos atuais entre primos próximos ou distantes, por linha paterna ou materna, tão incestuosos como os casamentos entre irmãos consanguíneos" (Marx). (Nota de Engels).

têm mulheres comuns entre si, com a particularidade de, na maioria dos casos, serem irmãos e irmãs, pais e filhos", a melhor explicação que se pode dar para isso é o casamento por grupos. As mães bárbaras não têm dez ou doze filhos em idade de manter mulheres comuns, mas o sistema de parentesco americano, que corresponde à família punaluana, apresenta um grande número de irmãos, posto que todos os primos, próximos ou distantes, de um homem são seus irmãos. É possível que a expressão "pais com seus filhos" esconda um equívoco de César.

Esse sistema, no entanto, não exclui em absoluto que se encontrem no mesmo grupo conjugal pai e filho, mãe e filha, mas apenas que nele se encontrem pai e filha, mãe e filho. Essa forma de família é a que igualmente nos fornece a explicação mais simples para os relatos de Heródoto e de outros escritores antigos sobre a comunidade de mulheres entre os povos selvagens e bárbaros. O mesmo se pode dizer do que John F. Watson e John W. Kaye (*The People of India. A Series of Photographic Illustrations*, Londres, 1868) relatam sobre os tikurs do Audh, ao norte do Ganges: "Coabitam (isto é, mantêm relações sexuais), quase de modo indiscriminado, em grandes comunidades e quando duas pessoas se consideram casadas, o vínculo que as une é puramente nominal."

Na imensa maioria dos casos, a instituição da *gens* parece ter saído diretamente da família punaluana. É certo que o sistema de classes australiano também apresenta um ponto de partida para a *gens*. Os australianos têm a *gens*, mas ainda não têm a família punaluana, e sim uma forma mais primitiva de casamento por grupos.

Em todas as formas de família por grupos, não se pode saber com certeza quem é o pai de uma criança, mas sabe-se quem é a mãe. Muito embora ela chame seus filhos a todos os da família comum e tenha para com eles deveres maternais, a verdade é que sabe distinguir seus próprios filhos dos demais. É claro, portanto, que, em toda parte onde subsiste o casamento por grupos, a descendência só pode ser estabelecida do lado materno, e, portanto, reconhece-se apenas a linhagem feminina. De fato, é isso que ocorre com todos os povos que se encontram no estado selvagem e na fase inferior da barbárie; ter sido o primeiro a descobrir isso é o segundo grande mérito de Bachofen. Ele designa direito materno esse reconhecimento exclusivo da filiação materna e as relações de herança dele resultantes. Conservo esse designativo por motivo de brevidade, mas ele é inexato porque nessa fase da sociedade não se pode ainda falar de direito, no sentido jurídico do termo.

Vamos tomar agora um dos dois grupos típicos da família punaluana. Concretamente, o de uma série de irmãs uterinas e colaterais (isto é, descendentes de irmãs uterinas em primeiro, segundo ou em grau mais afastado), juntamente com seus filhos e seus irmãos uterinos ou colaterais por linha materna (os quais, de acordo com nosso pressuposto, não são seus maridos) e teremos exatamente o círculo de pessoas que, mais adiante, aparecerão como membros de uma *gens*, na forma primitiva dessa instituição. Todos têm uma ancestral comum e, em virtude dessa origem, os descendentes femininos formam gerações de irmãs. Os maridos dessas irmãs, porém, já não podem ser irmãos delas e, portanto, não descendem dessa ancestral e, por conseguinte, não pertencem a esse grupo consanguíneo que, mais tarde, chega a constituir a *gens*, embora seus filhos pertençam a esse grupo, pois a descendência por linha materna é a única decisiva, sendo a única certa.

Uma vez proibidas as relações sexuais entre todos os irmãos e irmãs, inclusive os colaterais mais distantes por linha materna, o grupo de que falamos se transforma numa *gens*, isto é, constitui-se como que um círculo fechado de parentes consanguíneos por linha feminina que não se podem casar entre si. A partir de então, esse círculo se consolida cada vez mais por meio de instituições comuns, de caráter social e religioso, que o distingue das outras *gens* da mesma tribo. Falaremos com maiores detalhes sobre isso mais adiante. Se considerarmos, contudo, que a *gens* se desenvolve a partir da família punaluana, não só necessária mas naturalmente, teremos fundamento para considerar quase indubitável a existência anterior dessa forma de família em todos os povos em que podem ser comprovadas instituições gentílicas, ou seja, em quase todos os povos bárbaros e povos civilizados.

Quando Morgan escreveu seu livro, nossos conhecimentos sobre o casamento por grupos eram ainda muito limitados. Sabia-se de alguma coisa a respeito do casamento por grupos entre os australianos organizados em classes e, além disso, Morgan já havia publicado em 1871 todas as informações que possuía sobre a família punaluana no Havaí. A família punaluana fornecia, por um lado, a explicação completa para o sistema de parentesco predominante entre os índios americanos e que tinha sido o ponto de partida de todas as investigações de Morgan. Por outro lado, constituía o ponto de partida básico para a dedução da *gens* de direito materno. Por fim, representava um grau de desenvolvimento muito superior ao das classes australianas. Era compreensível, pois, que Morgan a concebesse como estágio de desenvolvimento imediatamente anterior ao casamento pré-monogâmico e lhe atribuísse uma difusão geral em épocas mais primitivas. Depois disso, chegamos a conhecer uma série de outras formas de casamento por grupos e agora sabemos que Morgan foi longe demais nesse ponto.

De qualquer modo, ele teve, em sua família punaluana, a felicidade de encontrar a forma superior e clássica do casamento por grupos, a forma que explica de maneira mais simples a transição para uma forma mais elevada.

Se houve um notável enriquecimento nas noções que temos do casamento por grupos, nós o devemos sobretudo ao missionário inglês Lorimer Fison[5] que, durante anos, estudou essa forma de família em sua terra clássica, a Austrália.

Encontrou o mais baixo grau de desenvolvimento entre os negros australianos do monte Gambier, no sul da Austrália. Ali, a tribo inteira estava dividida em duas grandes classes: os krokis e os kumites. As relações sexuais são terminantemente proibidas no interior de cada uma dessas classes. Em contrapartida, todo homem de uma dessas classes é marido nato de toda mulher da outra e reciprocamente.

Não são os indivíduos, mas os grupos inteiros, que estão casados uns com os outros, classe com classe. E note-se que ali não há, em parte alguma, qualquer restrição por diferença de idade ou de consanguinidade especial, salvo a determinada pela divisão em duas classes exogâmicas. Um kroki tem, de direito, por esposa,

....
[5] Lorimer Fison e A. W. Howitt, Kamilaroi and Kurnai. Group-Marriage and Relationship and Marriage by Elopement, Melbourne, Sidney, Adelaide e Brisbane, 1880.

toda mulher komite. Como, entretanto, sua própria filha, como filha de uma komite é também komite, em virtude do direito materno, por causa disso é esposa nata de todo kroki e, portanto, também de seu pai. Em qualquer caso, a organização por classes, tal como se nos apresenta, não opõe a isso qualquer obstáculo.

Assim, pois, ou essa organização apareceu numa época em que, apesar de todo impulso instintivo de se limitar o incesto, não se via ainda nenhum mal nas relações sexuais entre pais e filhos – e, nesse caso, o sistema de classes deve ter nascido diretamente das condições do intercurso sexual sem restrição. Ou, ao contrário, as relações sexuais entre pais e filhos já eram proibidas quando as classes surgiram e, nesse caso, a situação atual assinala a existência anterior da família consanguínea e constitui o primeiro passo dado para sair dela. Essa última hipótese é a mais verossímil. Que eu saiba, não há menção de exemplos de união conjugal entre pais e filhos na Austrália. E, além disso, a forma posterior da exogamia, a *gens* baseada no direito materno pressupõe, como norma, proibição dessas relações sexuais como coisa que já existente antes de sua instituição.

O sistema das duas classes encontra-se não só na região do monte Gambier, no sul da Austrália, mas também nas margens do rio Darling, mais a leste, e em Queensland, no nordeste, estando, pois, bastante difundido. Esse sistema exclui apenas os casamentos entre irmãos e irmãs, entre filhos de irmãos e entre filhos de irmãs por linha materna, porque pertencem à mesma classe. Os filhos de irmão e irmã, ao contrário, podem-se casar uns com os outros.

Um novo passo no sentido da proibição do casamento entre consanguíneos pode ser observado entre os kamilaroi, às margens do rio Darling, na Nova Gales do Sul, onde duas classes originais se dividiram em quatro e cada uma dessas quatro classes se casa em bloco com outra bem determinada. As duas primeiras classes são cônjuges natos, uma da outra. Conforme a mãe pertença à primeira ou à segunda, os filhos se integram à terceira ou à quarta. Os filhos e filhas destas duas últimas classes, igualmente casadas uma com a outra, integram-se, de novo, à primeira e à segunda. Assim, uma geração pertence sempre à primeira e à segunda classe, a geração seguinte pertence à terceira e à quarta e a que vem imediatamente depois, de novo à primeira e à segunda classe. Disso se deduz que os filhos e filhas de irmãos e irmãs (por linha materna) não podem ser marido e mulher, mas os netos de irmãos e irmãs já podem sê-lo. Esse sistema tão complicado se torna ainda mais emaranhado, pois nele se enxerta, mais tarde, a *gens* baseada no direito materno. Não podemos aqui, no entanto, aprofundar mais esse ponto. Podemos observar, portanto, que a tendência para impedir o casamento entre consanguíneos se manifesta repetidamente, mas de maneira totalmente espontânea, em tentativas, sem uma consciência clara do real objetivo.

O casamento por grupos que, na Austrália, é também um casamento por classes, a união conjugal em massa de toda uma classe de homens, frequentemente dispersa por toda a extensão do continente, com toda uma classe de mulheres igualmente dispersa, esse casamento por grupos, visto de perto, não é tão monstruoso como o imagina a fantasia dos filisteus, acostumados à sociedade dos prostíbulos. Pelo contrário, transcorreram muitos anos antes que se suspeitasse sequer de sua existência e só recentemente é que isso entrou novamente em debate. Para o observador superficial, esse casamento se apresenta como uma monogamia de vínculos frouxos e, em alguns lugares, uma poligamia acompanhada de infidelidade ocasional. Seria necessário consagrar-lhe anos de estudo, como fizeram Fison e Howitt, para descobrir nessas relações conjugais que, na prática, fazem o europeu comum recordar o que se passa em seus próprios países, a lei reguladora, lei segundo a qual o negro australiano, a milhares de quilômetros de seu lar, entre pessoas cuja língua lhe é incompreensível, não raramente encontra, no entanto, de acampamento para acampamento e de tribo para tribo, mulheres que se entregam a ele voluntariamente e sem resistência. Ainda, lei segundo a qual quem tem várias mulheres cede uma a seu hóspede para ele passar a noite.

Ali onde o europeu vê ausência de moral e ausência de qualquer lei reina, de fato, uma lei rigorosa. As mulheres pertencem à classe conjugal do forasteiro e são, por conseguinte, suas esposas natas. A mesma lei moral que destina um a outro proíbe, sob pena de desterro, qualquer relação sexual fora das classes conjugais que se pertencem mutuamente. Mesmo nos lugares onde se pratica o rapto das mulheres, o que ocorre de modo frequente e em muitas regiões, a lei das classes é escrupulosamente cumprida.

No rapto das mulheres, aliás, já se encontra um vestígio da transição para a monogamia, pelo menos na forma de casamento pré-monogâmico. Quando um jovem, com a ajuda de seus amigos, rapta ou seduz uma jovem, ela é usada sexualmente por todos eles, um após outro, mas depois passa a ser esposa daquele que coordenou o rapto. E, inversamente, se a mulher raptada foge do marido e é apanhada por outro, torna-se esposa deste último, perdendo o primeiro suas prerrogativas. Paralelamente e no seio do casamento por grupos que, em geral, continua existindo, encontram-se, pois, relações exclusivistas, acasalamentos por tempo mais ou menos longo e simultaneamente à poligamia, de maneira que, também aqui, o casamento por grupos está em vias de extinção, restando apenas a questão de saber-se quem é que, sob a influência europeia, desaparecerá primeiro da cena: o casamento por grupos ou os negros australianos que ainda o praticam.

O casamento por classes inteiras, tal como subsiste na Austrália, é, de qualquer modo, uma forma muito atrasada e muito primitiva do casamento por grupos, ao passo que a família punaluana constitui, pelo que nos é dado saber, seu estágio superior de desenvolvimento. O primeiro parece ser a forma correspondente ao estado social dos selvagens errantes. A segunda já pressupõe o estabelecimento de comunidades comunistas relativamente fixas e conduz diretamente ao estágio superior seguinte de desenvolvimento. Entre essas duas formas de casamento, certamente encontraremos ainda graus intermediários. Esse é um terreno para pesquisas que apenas foi descoberto e que mal começou a ser percorrido.

CAPÍTULO II

A Família
3 - A família Pré-monogâmica

No regime de casamento por grupos, ou ainda bem antes, já se verificavam uniões por pares, de duração mais ou menos longa. O homem tinha, entre as muitas mulheres, uma mulher principal (ainda não se pode dizer que fosse a favorita) e era para ela o marido principal entre todos os outros. Essa circunstância contribuiu bastante para a confusão produzida entre os missionários que, no casamento por grupos, ora viam uma comunidade promíscua de mulheres, ora um adultério arbitrário. À medida que, porém, desenvolvia-se a *gens* e se tornavam mais numerosas as classes de "irmãos" e "irmãs", entre os quais agora era impossível o casamento, a união conjugal por pares, baseada num certo costume, começou a se consolidar. O impulso dado pela *gens* à proibição do casamento entre parentes consanguíneos levou as coisas ainda mais longe.

Assim, vemos que, entre os iroqueses e entre a maior parte dos índios que se encontra na fase inferior da barbárie, é proibido o casamento entre todos os parentes reconhecidos pelo sistema, no qual há algumas centenas de parentescos diferentes.

Com o crescente emaranhado das proibições de casamento, os casamentos por grupos se tornaram cada vez mais impossíveis e acabaram sendo substituídos pela família pré-monogâmica.

Nesse estágio, um homem vive com uma mulher, mas de forma tal que a poligamia e a infidelidade ocasional permanecem um direito dos homens, embora a poligamia seja raramente observada, também por causas econômicas, ao passo que, na maioria dos casos, exige-se das mulheres a mais rigorosa fidelidade enquanto durar a vida em comum, sendo o adultério destas castigado de maneira cruel. O vínculo conjugal é, porém, facilmente dissolúvel por qualquer das partes e, tal como anteriormente, os filhos pertencem exclusivamente à mãe.

Nessa exclusão ainda mais acentuada do laço conjugal entre parentes consanguíneos, a seleção natural continua atuando. Segundo Morgan, "os casamentos entre *gens* não consanguíneas tenderam a criar uma raça mais forte, tanto física como mentalmente. Quando duas tribos adiantadas se misturam num povo [...] os novos crânios e cérebros cresciam naturalmente até abrangerem a soma das capacidades de ambas tribos". Assim, as tribos que haviam adotado o regime das *gens* tinham de prevalecer sobre as mais atrasadas, ou a arrastá-las consigo por seu exemplo.

A evolução da família na época da pré-história consiste, portanto, numa redução constante do círculo que originalmente abrangia toda a tribo, dentro da qual predominava a comunidade conjugal entre os dois sexos. Com a exclusão progressiva, primeiramente dos parentes mais próximos, depois dos parentes cada vez mais distanciados e, por fim, até mesmo dos parentes por aliança, torna praticamente impossível qualquer casamento por grupos, restando apenas o casal, unido por vínculos ainda frágeis, essa molécula com cuja dissociação acaba o casamento em geral. Isso prova quão pouco tem a ver a origem da monogamia com o amor sexual individual, na hodierna acepção da palavra. Isso fica ainda mais comprovado pela prática de todos os povos que se encontram nessa fase de seu desenvolvimento.

Enquanto em forma anteriores de família os homens nunca passavam por dificuldades para encontrar mulheres e tinham, pelo contrário, até mais do que precisavam, agora as mulheres passavam a se tornar raras e era necessário procurá-las. Por isso começam, com o casamento pré-monogâmico, o rapto e a compra de mulheres, sintomas bastante difundidos, mas nada mais que sintomas de uma transformação muito mais profunda que se havia efetuado. Esses sintomas que não passam de simples métodos para conseguir mulheres, mas que o pedante escocês McLennan transformou, por arte de sua fantasia, em diferentes classes de famílias, sob a forma de "casamento por rapto" e "casamento por compra".

Além do mais, entre os índios da América e em outras tribos (no mesmo estágio), o arranjo de um casamento não envolve os interessados que muitas vezes sequer são consultados, mas sim a suas mães. Desse modo, frequentemente ficam comprometidas duas pessoas totalmente desconhecidas uma da outra e de cujo casamento só ficam sabendo quando chega o momento de sua realização. Antes da celebração do casamento, o noivo dá presentes aos parentes gentílicos da noiva (quer dizer, aos parentes desta por parte de mãe e não aos parentes por parte de pai e ao próprio pai) e esses presentes são considerados como o preço pelo qual o homem compra a jovem que lhe é cedida. O casamento é dissolúvel à vontade de qualquer um dos cônjuges. Em muitas tribos, entretanto, como, por exemplo, entre os iroqueses, formou-se pouco a pouco uma opinião pública hostil a essas separações. Em caso de litígio entre os cônjuges, os parentes gentílicos de cada parte atuam como mediadores e, só se essa mediação não surtisse efeito, a separação se verificava, ficando os filhos com a mãe. Depois, cada uma das partes ficava livre para casar novamente.

A família pré-monogâmica, demasiadamente fraca e instável por si mesma para tornar necessário, ou ao menos desejável, uma economia doméstica própria, de modo algum suprime a economia doméstica comunista que as épocas anteriores apresentam. Mas economia doméstica comunista significa predomínio da mulher na casa, do mesmo modo que o reconhecimento exclusivo de uma mãe natural, na impossibilidade de conhecer com certeza o verdadeiro pai, significa elevada consideração pelas mulheres, isto é, pelas mães.

Uma das ideias mais absurdas transmitidas pela filosofia do

século XVIII é a de que, nos inícios da sociedade, a mulher teria sido escrava do homem. Entre todos os selvagens e em todas as tribos que se encontram nas fases inferior, média e até em parte na superior da barbárie, a mulher não só é livre, mas também muito considerada.

Artur Wright, durante muitos anos missionário entre os iroqueses senecas, escreve (em carta que Morgan cita em *Ancient Society*): "No tocante a seu sistema de família, quando ainda habitavam as antigas casas-grandes (domicílios comunistas de várias famílias) [...] lá sempre predominava um clã (uma *gens*) e as mulheres arranjavam maridos em outros clãs (*gens*)... Habitualmente as mulheres mandavam na casa e as provisões eram comuns. Mas infeliz do pobre marido ou amante que fosse preguiçoso ou demasiado inábil para contribuir com sua parte nas provisões! Por mais filhos ou objetos pessoais que tivesse na casa, podia, a qualquer momento, ouvir a ordem de arrumar a trouxa e ir embora. E era inútil tentar opor resistência porque a casa se convertia para ele certamente num inferno. Não havia alternativa, senão a de voltar a seu próprio clã (*gens*) ou, como acontecia com frequência, partir e contrair novo casamento em outro clã. As mulheres constituíam **o grande** poder dentro dos clãs (*gens*) como, aliás, em toda parte. Elas **não** hesitavam, quando a ocasião o exigia, em destituir um chefe e rebaixá-lo à condição de simples guerreiro."

A economia doméstica comunista, em que a maioria das mulheres, se não a totalidade, pertence a uma mesma *gens*, ao passo que os homens pertencem a outras *gens* diferentes, é a base efetiva do predomínio das mulheres que, nos tempos primitivos, esteve difundido por toda parte, fenômeno cuja descoberta constitui o terceiro mérito de Bachofen. Permito-me acrescentar ainda que os relatos de viajantes e de missionários acerca do trabalho excessivo com que se sobrecarregam as mulheres entre os selvagens e os bárbaros não estão, de modo algum, em contradição com o que foi dito. A divisão do trabalho entre os dois sexos depende de outras causas que nada têm a ver com a posição da mulher na sociedade.

Povos nos quais as mulheres se vêem obrigadas a trabalhar muito mais do que lhes caberia, segundo nossa concepção, têm frequentemente muito mais consideração real por elas que nossos europeus. A senhora civilizada, cercada de falsas homenagens e alheia a todo trabalho efetivo, tem uma posição social infinitamente inferior à mulher bárbara que trabalha duramente e, no seio de seu povo, colhe o respeito devido como uma verdadeira dama (*lady, frowa, frau* = senhora), sendo-o também de fato por sua própria posição.

Novas pesquisas mais exatas acerca dos povos do noroeste e sobretudo no sul da América que ainda se encontram na fase superior do estado selvagem, deverão dizer-nos se o casamento pré-monogâmico substituiu ou não por completo atualmente, na América, o casamento por grupos. A respeito desses últimos são referidos exemplos tão variados de licenciosidade sexual que se torna difícil admitir o desaparecimento completo do antigo casamento por grupos. De qualquer modo, ainda não desapareceram todos os seus vestígios. Pelo menos em quarenta tribos da América do Norte, o homem que se casa com a irmã mais velha tem direito de tomar igualmente como mulheres todas as irmãs dela, logo que atinjam a idade apropriada. Esse é um vestígio da comunidade de maridos para todo um grupo de irmãs.

A respeito dos habitantes da península da Califórnia (fase superior do estado selvagem) conta Bancroft que eles têm certas festividades em que se reúnem várias "tribos" para praticar relações sexuais sem distinção. Com toda a certeza são *gens* que, nessas festas, conservam uma vaga reminiscência do tempo em que as mulheres de uma *gens* tinham por maridos comuns todos os homens de outra e reciprocamente. O mesmo costume reina ainda na Austrália.

Em alguns povos, acontece que os homens mais velhos, os chefes e os sacerdotes-feiticeiros exploram em proveito próprio a comunidade de mulheres e monopolizam a maior parte delas. Em compensação, durante certas festas e grandes assembleias populares, são obrigados a admitir a antiga posse comum e permitir que suas mulheres se divirtam com os jovens. Westermarck dá uma série de exemplos de saturnais desse gênero, nas quais ressurge, por pouco tempo, a antiga liberdade do comércio sexual sem barreiras, como entre os hos, os santals, os pandchas e os cotaros, na Índia, em alguns povos africanos, etc. Westermarck tira disso a conclusão de que esses fatos não constituem reminiscências do casamento por grupos, cuja existência ele nega, mas sim do período do cio que os homens primitivos tiveram em comum com os animais.

Chegamos agora à quarta grande descoberta de Bachofen, a da grande difusão da forma de transição do casamento por grupos para o casamento pré-monogâmico. Aquilo que Bachofen apresenta como uma penitência pela transgressão de antigos mandamentos dos deuses, penitência pela qual a mulher adquire o direito à castidade, é de fato apenas uma expressão mística para designar a penitência pela qual a mulher se resgata da antiga comunidade de maridos e adquire para si o direito de se entregar apenas a um homem. Esse resgate consiste numa entrega limitada. As mulheres babilônicas estavam obrigadas a entregar-se uma vez por ano, no templo de Milita (a deusa do amor). Outros povos da Ásia Menor enviavam suas filhas ao templo de Ananis, onde, durante vários anos, elas deveriam praticar o amor livre com os favoritos de sua escolha, antes de lhes ser concedida permissão para casar. Em quase todos os povos asiáticos entre o Mediterrâneo e o Ganges há práticas análogas, disfarçadas em costumes religiosos.

O sacrifício de expiação pelo resgate torna-se, com o tempo, cada vez mais leve, como observa Bachofen: "A oferenda, repetida a cada ano, vai dando lugar a um sacrifício feito uma única vez; ao heterismo das matronas, segue-se o das jovens solteiras; à prática do sexo durante casamento, segue-se a prática do sexo antes dele; à entrega a todos sem escolha, segue-se a entrega a certas pessoas" (*Direito Materno*, p. XIX).

Em outros povos não existe esse disfarce religioso. Entre alguns – trácios, celtas, etc., na antiguidade, em muitos dos aborígines da Índia, nos povos malaios, nos habitantes das ilhas dos mares do sul e entre muitos índios americanos ainda hoje – as jovens gozam de maior liberdade sexual até contraírem matrimônio. Assim acontece sobretudo na América do Sul, conforme pode atestá-lo todo aquele que tenha penetrado um pouco em seu interior. Agassiz (*A Journey in Brazil*, Boston and New York, 1886, p. 266) conta de uma rica família de origem índia que, ao conhecer a filha, perguntou-lhe por seu pai, supondo que seria o marido de sua mãe, oficial do exército na guerra contra o Paraguai, mas a mãe lhe respondeu com um sorriso: "Não tem pai, é filha da fortuna."

"As mulheres índias ou mestiças falam sempre dessa maneira de seus filhos ilegítimos, sem ver nisso qualquer mal ou vergonha. Tão longe está isso de ser inusitado, que o oposto parece ser a exceção. Os filhos [...], frequentemente, conhecem apenas sua mãe porque todos os cuidados e toda a responsabilidade recaem sobre ela. Nada sabem a respeito do pai, nem parece que possa ocorrer à mulher a ideia de que ela ou seus filhos tenham o direito de reivindicar alguma coisa dele." Aquilo que aqui parece estranho ao homem civilizado é simplesmente a regra, segundo o direito materno e no casamento por grupos."

Em outros povos, os amigos e parentes do noivo ou os convidados à celebração das núpcias exercem, durante a própria celebração, o direito à noiva, por tradição antiga, e o noivo só vem em último lugar. Isso ocorria nas ilhas Baleares e entre os augilas africanos, na antiguidade, e ocorre ainda hoje entre os bareas na Abissínia. Há povos ainda em que uma personalidade oficial – chefe da tribo ou da *gens*, cacique, xamã, sacerdote, príncipe ou como se possa chamar – representa a comunidade e exerce com a noiva o direito da primeira noite (*jus primae noctis*). Apesar de todos os esforços neo-românticos para fazê-lo parecer honesto, esse *jus primae noctis* continua existindo ainda hoje, mas como um resquício do casamento por grupos, entre a maioria dos habitantes do Alasca (Bancroft, *Native Races*, I, p. 81), entre os tahus do norte do México (Bancroft, p. 584) e entre outros povos. E existiu durante toda a Idade Média, pelo menos nos países de origem celta, onde proveio diretamente do casamento por grupos, como, por exemplo, em Aragão.

Enquanto em Castela o camponês nunca foi servo, em Aragão reinava a mais vergonhosa servidão, até a sentença arbitral de Fernando, o Católico, em 1486. Nesse documento se diz: "Julgamos e determinamos que os senhores (*senyors*, barões) acima mencionados... também não poderão passar a primeira noite com a mulher que um camponês tenha desposado, nem poderão, igualmente, durante a noite de núpcias, depois que a mulher se tenha deitado na cama, passar a perna por cima da cama ou da mulher, em sinal de sua soberania. Nem poderão os mencionados senhores servir-se das filhas ou dos filhos dos camponeses contra a vontade deles, com ou sem pagamento." (Citado, segundo o texto original catalão por Samuel Sugenheim, *Geschichte der Aufhebung der Leibeigenschaft und Hörigkeit in Europa bis um die Mitte des neunzehnten Jahrhunderts,* St. Petersburg, 1861, p. 35).

Razão sem dúvida tem ainda Bachofen quando afirma que a transição do que ele chama de "heterismo" ou "*Sumpfzeugung*" para a monogamia se realizou essencialmente graças às mulheres. Quanto mais as relações sexuais tradicionais, com o desenvolvimento das condições econômicas da vida e, portanto, com o desaparecimento do antigo comunismo e ainda com a crescente densidade populacional, perdiam seu inocente caráter primitivo e selvagem, tanto mais humilhantes e opressivas deviam parecer essas relações para as mulheres que, com maior premência, deviam ansiar pelo direito à castidade, ao casamento temporário ou definitivo com um só homem, como uma libertação. Esse progresso não podia ter partido dos homens, pela simples razão, sem necessidade de falar em outras, que até hoje de forma alguma lhes ocorreu a ideia de renunciar aos prazeres de um efetivo casamento por grupos. Só depois de efetuada pela mulher a transição para o casamento pré-monogâmico é que os homens conseguiram introduzir a estrita monogamia, mas só para as mulheres.

A família pré-monogâmica surgiu no limite entre o estado selvagem e a barbárie, na maioria das vezes durante a fase superior do primeiro, apenas em certos lugares durante a fase inferior da segunda. É a forma de família característica da barbárie, como o casamento por grupos é a do estado selvagem e a monogamia é a da civilização. Para que a família pré-monogâmica evoluísse até chegar a uma monogamia estável, foram necessárias causas diversas daquelas que encontramos atuando até agora. Na família pré-monogâmica, o grupo já havia ficado reduzido a sua última unidade, a sua molécula biatômica: um homem e uma mulher. A seleção natural havia realizado sua obra, reduzindo cada vez mais a comunidade de casamentos. Nesse sentido, nada mais havia a fazer.

Assim, se não tivessem entrado em ação novas forças motrizes de ordem social, não teria havido qualquer razão para o surgimento de nova forma de família a partir da família pré-monogâmica. Mas essas forças motrizes começaram a atuar.

Vamos deixar agora a América, terra clássica da família pré-monogâmica. Não há indícios que nos permitam afirmar que nela se tenha desenvolvido alguma forma superior de família, que nela, antes da descoberta e da conquista, tenha existido a monogamia estável em qualquer tempo ou lugar. No Velho Mundo, a situação era diversa.

Aqui, a domesticação de animais e a criação de gado haviam desenvolvido uma fonte de riqueza até então desconhecida, criando relações sociais totalmente novas. Até a fase inferior da barbárie, a riqueza duradoura limitava-se quase somente à casa, ao vestuário, aos adornos primitivos e aos utensílios necessários para a obtenção e a preparação dos alimentos: barco, armas, utensílios domésticos mais simples. O alimento tinha de ser conseguido a cada dia, sempre de novo. Agora, com suas manadas de cavalos, camelos, asnos, bois, carneiros, cabras e porcos, os povos pastores, que iam ganhando terreno (os árias, no país dos Cinco Rios na Índia e no vale do Ganges, assim como nas estepes de Oxo e Iaxartes, na época abundantes em águas, e os semitas junto aos rios Tigre e Eufrates), haviam adquirido riquezas que precisavam apenas de vigilância e de cuidados mais primitivos para se reproduzir em proporção cada vez maior e fornecer abundantíssima alimentação de carne e leite. A partir de então, todos os meios anteriormente utilizados para obtenção de alimentos foram relegados a segundo plano. A caça, que em outros tempos havia sido uma necessidade, passou a figurar como um passatempo.

A quem, no entanto, pertencia essa nova riqueza nova? Não há dúvida de que, em sua origem, pertencia à *gens*. Mas bem cedo deve ter-se desenvolvido a propriedade privada dos rebanhos. É difícil dizer se, para o autor do chamado primeiro livro de Moisés, o patriarca Abraão aparece como proprietário de seus rebanhos por direito próprio, por ser o chefe de uma comunidade de famílias ou em virtude de seu caráter de efetivo chefe hereditário de uma *gens*. O certo é que não podemos imaginá-lo como proprietário, no sentido moderno do termo. O que é fora de dúvida é também que, no limiar da história documentada, já encontramos em toda parte os rebanhos como propriedade particular de chefes de família, tal como os produtos artísticos da barbárie, os utensílios de metal, os objetos de luxo e, finalmente, o gado humano, isto é, os escravos.

É que a escravidão também já havia sido inventada. O escravo não tinha valor algum para os bárbaros da fase inferior. Por isso os índios americanos, em relação a seus inimigos vencidos, agiam de maneira bastante diferente da usada na fase superior. A tribo vencedora matava os homens derrotados ou os acolhia como irmãos. As mulheres eram tomadas como esposas ou, juntamente com seus filhos sobreviventes, igualmente acolhidas na tribo. Nesse estágio, a força de trabalho do homem ainda não produz qualquer excedente apreciável em relação aos custos de sua manutenção. Com a introdução da criação de gado, da elaboração dos metais, da tecelagem e, finalmente, da agricultura, a situação começou a modificar-se. Especialmente depois que os rebanhos passaram definitivamente para a propriedade da família, ocorreu com a força de trabalho o mesmo que havia acontecido com as mulheres, antes tão fáceis de obter e que agora já tinham seu valor de troca e eram compradas. A família não se multiplicava com tanta rapidez como o gado. Agora eram necessárias mais pessoas para os cuidados com a criação. Para isso, podia ser utilizado o prisioneiro de guerra que, além do mais, poderia reproduzir-se como o gado.

Convertidas todas essas riquezas em propriedade particular das famílias, nas quais se multiplicavam rapidamente, aplicaram um duro golpe na sociedade alicerçada no casamento pré-monogâmico e na *gens* de direito materno. O casamento pré-monogâmico havia introduzido um elemento novo na família, colocando junto da mãe autêntica o autêntico pai, provavelmente mais autêntico que muitos "pais" de nossos dias. Segundo a divisão do trabalho na família de então, cabia ao homem providenciar a obtenção dos alimentos e os instrumentos de trabalho necessários para isso e, em decorrência, também a propriedade desses últimos. Em caso de separação, ele os levava consigo, da mesma forma que a mulher conservava seus utensílios domésticos. Assim, segundo os costumes dessa sociedade, o homem era igualmente proprietário da nova fonte de alimento, o gado, e mais tarde, do novo instrumento de trabalho, o escravo. Mas, segundo os usos dessa mesma sociedade, seus filhos não podiam herdar dele, pois, nesse ponto, as coisas se passavam da maneira que se expõe a seguir.

De acordo com o direito materno, isto é, enquanto a descendência só se contava por linha feminina, e segundo a primitiva lei de herança que reinava na *gens*, eram os membros dessa mesma *gens* que herdavam de seu parente gentílico falecido. As *gens* deviam permanecer na *gens*. Devido à insignificância dos objetos, é possível que esses tenham passado, na prática, desde os tempos mais remotos, para os parentes gentílicos mais próximos, isto é, aos consanguíneos por linha materna. Entretanto, os filhos de um homem falecido não pertenciam à *gens* daquele, mas àquela da mãe. Era dela que, no princípio, herdavam, em conjunto dos demais consanguíneos desta. Mais tarde, provavelmente, foram seus primeiros herdeiros, mas do pai nada podiam herdar porque não pertenciam à *gens* do mesmo e os bens dele deviam ficar na *gens* dele. Assim, com a morte de um proprietário de rebanhos, esses passavam em primeiro lugar a seus irmãos e irmãs e aos filhos destes ou aos descendentes das irmãs de sua mãe. Seus próprios filhos, porém, ficavam deserdados.

Dessa forma, à medida que as riquezas iam aumentando, por um lado conferiam ao homem uma posição mais importante que aquela da mulher na família e, por outro lado, faziam com que nele surgisse a ideia de valer-se dessa vantagem para modificar, em favor dos filhos, a ordem tradicional da herança. Isso era, porém, impossível de se realizar enquanto permanecesse em vigor a descendência segundo o direito materno. Esse direito teria de ser supresso, e assim o foi. E isso não foi tão difícil quanto hoje nos possa parecer. Essa revolução, uma das mais profundas que a humanidade já conheceu, não teve necessidade de tocar em nenhum dos membros vivos da *gens*. Todos os membros da *gens* puderam continuar sendo o que haviam sido até então. Bastou decidir simplesmente que, para o futuro, os descendentes de um membro masculino deveriam permanecer na *gens*, mas os descendentes de um membro feminino deveriam ser excluídos dela, passando para a *gens* do pai. Desse modo, foram abolidos a instituição da descendência por linha feminina e o direito hereditário materno, sendo substituídos pelo direito hereditário paterno e pela linha de descendência masculina.

Nada sabemos sobre como e quando se produziu essa revolução entre os povos civilizados, pois ela se verificou nos tempos pré-históricos. Mas os dados reunidos, sobretudo por Bachofen, acerca dos numerosos vestígios do direito materno, demonstram plenamente que essa revolução ocorreu. E a facilidade com que isso se realizou pode ser constatado em muitas tribos de índios, onde só recentemente ela se realizou ou ainda está se realizando, em parte, pela influência do incremento das riquezas e das modificações no gênero de vida (migração dos bosques para os prados) e, em parte, pela influência moral da civilização e dos missionários.

De oito tribos do Missuri, seis são regidas pela linha de descendência e pela ordem de sucessões masculinas e duas, pelas femininas. Entre os schawnees, os miamis e os delawares, difundiu-se o costume de transferir os filhos para a *gens* do pai por meio da atribuição de um nome gentílico pertencente a esta para, desse modo, tornarem-se herdeiros do pai. "Casuística inata nos homens, a de mudar as coisas mudando-lhes os nomes! E encontrar saídas para romper com a tradição sem sair dela, sempre que um interesse direto der o impulso suficiente para isso" (Marx).

Resultou daí uma espantosa confusão que só podia ser remediada – e em parte o foi – com a transição para o direito paterno. "Esta parece ter sido a mais natural das transições" (Marx). Quanto ao que os especialistas em direito comparado sabem dizer sobre o modo como se realizou essa transição entre os povos civilizados do velho mundo – na verdade, quase somente hipóteses – pode-se consultar Kovalevski, *Tableau des Origines et de l'Evolution de la Famille et de la Propriété*, Estocolmo, 1890.

A derrocada do direito materno foi a derrota do sexo feminino na história universal. O homem tomou posse também da direção da casa, ao passo que a mulher foi degradada, convertida em servidora, em escrava do prazer do homem e em mero instrumento de reprodução. Esse rebaixamento da condição da mulher, tal como aparece abertamente sobretudo entre os gregos dos tempos heróicos e mais ainda dos tempos clássicos, tem sido gradualmente retocado, dissimulado e, em alguns lugares, até revestido de formas mais suaves, mas de modo algum eliminado.

O primeiro efeito do domínio exclusivo dos homens, desde o momento em que foi instituído, pode ser observado na forma intermediária da família patriarcal, que então surgia. O que caracteriza essa família acima de tudo não é a poligamia, da qual falaremos a seguir, mas "a organização de certo número de indivíduos, escravos e livres, numa família submetida ao poder paterno do chefe de família. Na forma semítica, esse chefe de família vive em poligamia, o escravo tem uma mulher e filhos, e o objetivo de toda a organização é o de cuidar dos rebanhos e das manadas numa determinada área."

As características essenciais são a incorporação dos escravos e o poder paterno. Por isso, a família romana é o tipo perfeito dessa forma de família. Em sua origem, a palavra família não significa o ideal do filisteu de hoje, mistura de sentimentalismo e brigas domésticas. Entre os romanos, a palavra originalmente sequer se aplicava ao casal e a seus filhos, mas apenas aos escravos. *Famulus* quer dizer escravo doméstico e família é o conjunto dos escravos pertencentes a um mesmo homem. No tempo de Gaio, a *familia, id est patrimonium* (família, isto é, a herança) era legada por testamento. A expressão foi inventada pelos romanos para designar um novo organismo social, cujo chefe mantinha sob seu poder a mulher, os filhos e certo número de escravos, com o pátrio poder romano e o direito de vida e morte sobre todos eles. "A palavra não é, pois, mais antiga que o férreo sistema familiar das tribos latinas que surgiu após a introdução da agricultura e da escravidão legal, assim como depois da separação dos gregos e dos latinos arianos" (Morgan, *Ancient Society*, p. 470). E Marx acrescenta: "A família moderna contém em germe não apenas a escravidão (*servitus*) como também a servidão, pois, desde o começo, está relacionada aos serviços da agricultura. Ela contém em si, em miniatura, todos os antagonismos que se desenvolverão mais tarde na sociedade e em seu Estado."

Essa forma de família mostra a transição do casamento pré-monogâmico para a monogamia. Para assegurar a fidelidade da mulher e, por conseguinte, a paternidade dos filhos, a mulher é entregue incondicionalmente ao poder do homem. Mesmo que ele a mate, não faz mais do que exercer um direito seu.

Com a família patriarcal entramos no domínio da história escrita, num domínio que a ciência do direito comparado nos pode prestar auxílio significativo. De fato, essa ciência nos permitiu fazer nessa área importantes progressos. Devemos a Maxim Kovalevski (*Tableau des Origines et de l'Evolution de la Famille et de la Propriété*, Estocolmo, 1890, pp. 60-100) a ideia de que a comunidade familiar patriarcal (*patriarchalische Hausgenossenchaft*), como ainda hoje subsiste entre os sérvios e os búlgaros com o designativo de *zádruga* (que pode ser traduzido talvez por confraternidade) ou *bratswo* (fraternidade) e, sob uma forma modificada, entre os povos orientais, constituiu o estágio de transição entre a família de direito materno – resultante do casamento por grupos – e a monogamia do mundo moderno. Isso parece provado, pelo menos para os povos civilizados do mundo antigo, para árias e semitas.

A *zádruga* dos eslavos do sul constitui o melhor exemplo ainda vivo de uma comunidade familiar desse tipo. Abrange várias gerações de descendentes de um mesmo pai, bem como as respectivas mulheres, vivendo todos juntos sob um mesmo teto, cultivando suas terras em comum, alimentando-se e vestindo-se de um fundo comum de provisões e possuindo coletivamente o excedente da produção. A comunidade está sob a administração suprema do dono da casa (*domacin*) que a representa diante do mundo exterior, tem o direito de alienar objetos de menor valor, administra as finanças, é responsável por elas, assim como pelo bom andamento dos negócios. É eleito e, para isso, não precisa ser o mais idoso. As mulheres e o seu trabalho estão sob a direção da dona da casa (*domacica*) que costuma ser a mulher do *domàcin*. Esta tem igualmente voz importante, frequentemente decisiva, na escolha de maridos para as jovens solteiras. O poder supremo, porém, pertence ao conselho de família, assembleia de todos os adultos da comunidade, homens e mulheres. O chefe de família presta contas a essa assembleia e é ela que toma as resoluções decisivas, ministra a justiça entre todos os membros da comunidade, decide sobre as compras e vendas mais importantes, sobretudo aquelas referentes a terras, etc.

Não faz mais de dez anos que se comprovou a existência também na Rússia dessas grandes comunidades familiares (*Familiengenossenschaften*). Elas são hoje reconhecidas geralmente como estando tão enraizadas nos costumes populares russos quanto a *obchtchina* ou comunidade rural. Figuram no mais antigo código russo, a *Pravda* de Iaroslav, com o mesmo nome (*vervi*) com que aparecem nas leis da Dalmácia e podem ainda ser constatadas em fontes históricas polonesas e tchecas.

Também entre os alemães, segundo Andreas Heusler (*Institutionen des deutschen Privatrechts*, Leipzig, 1886), a unidade econômica primitiva não é a família isolada, no sentido moderno da palavra, mas sim a "comunidade familiar" (*Hausgenossenschaft*) que se compõe de várias gerações ou de famílias isoladas e que frequentemente inclui indivíduos não livres. A família romana também remonta a esse tipo de comunidade e, por causa disso, o poder absoluto do pai de família, bem como a falta de direitos dos demais membros da família em relação a ele, ultimamente tem sido posto seriamente em dúvida.

Entre os celtas na Irlanda, devem ter existido igualmente comunidades familiares semelhantes. Na França, subsistiram no Nivernais, com o nome de *parçonneries*, até a Revolução Francesa, e ainda não se extinguiram no Franche Comté. Na região de Louans (Saône e Loire), podem ser vistos grandes casarões de camponeses com uma sala central comum, muito alta, chegando até o telhado e, em torno dela, se encontram os quartos, aos quais se sobe por escadas de seis a oito degraus. Nesses casarões moram diversas gerações da mesma família.

Na Índia, a comunidade familiar, com cultivo da terra em comum, já era mencionada por Nearco, na época de Alexandre Magno, e ainda existe hoje no Punjabe e em todo o noroeste do país. O próprio Kovalevski pôde comprová-la no Cáucaso. Na Argélia, ainda subsiste entre os cabilas. Parece ter existido mesmo na América, pois esforços são feitos para identificá-la entre as "*calpullis*" do México antigo, descritas por Zurita. Por outro lado, Heinrich Cunow (*Die altperuanischen Dorf- und Markgenossenschaft*, in revista *Ausland*, 1890, números 42-44) demonstrou com bastante clareza que, na época da conquista, existia no Peru uma espécie de marca (que, curiosamente, ali também se chamava *marca*), com partilha periódica das terras cultiváveis e, portanto, cultivo individual.

De qualquer modo, a comunidade familiar patriarcal adquire agora, com a posse em comum da terra e seu cultivo também em comum, um significado totalmente diferente doanterior. Já não podemos duvidar do grande papel de transição que desempenhou, entre os povos civilizados e outros povos da Antiguidade, entre a família de direito materno e a família monogâmica. Mais adiante vamos falar a respeito de outra conclusão tirada por Kovalévski, ou seja, que a comunidade familiar foi igualmente o estágio de transição que precedeu a marca ou a comunidade rural, com cultivo individual da terra e a partilha, a princípio periódica e depois definitiva, de terras cultiváveis e de terras de pastagem.

Quanto à vida familiar dentro dessas comunidades familiares, deve-se notar que, pelo menos na Rússia, o chefe de família tem fama de abusar muito de sua posição com relação às mulheres mais jovens da comunidade, principalmente suas noras, com as quais muitas vezes forma um harém. As canções populares russas são bastante eloquentes a esse respeito.

Antes de passar à monogamia que se difunde rapidamente com a derrocada do direito materno, vamos dizer ainda algumas palavras sobre a poligamia e a poliandria. Essas duas formas de casamento só podem ser exceções, produtos históricos de luxo, pode-se assim dizer, a menos que ocorressem simultaneamente num mesmo país, o que, como se sabe, não é o caso. Desse modo, como os homens excluídos da poligamia não podiam se consolar com as mulheres deixadas de lado pela poliandria e como o número de homens e mulheres, independentemente das instituições sociais, tem sido sempre quase igual até nossos dias, nenhuma dessas duas formas de casamento se generalizou. Na realidade, a poligamia de um homem foi evidentemente produto da escravidão e limitava-se a casos excepcionais. Na família patriarcal semita, o próprio patriarca e, no máximo, alguns de seus filhos vivem como polígamos, tendo os demais de contentar-se com uma só mulher. Assim ocorre ainda hoje em todo o Oriente. A poligamia é um privilégio dos ricos e dos poderosos e as mulheres são recrutadas sobretudo pela compra de escravas. A massa do povo vive em monogamia.

Uma exceção semelhante é a poliandria na Índia e no Tibete, cujo interessante surgimento deve seguramente remontar ao casamento por grupos, mas essa questão tem de ser estudada mais a fundo. Na prática e de resto, parece muito mais tolerante que o ciumento regime dos haréns dos muçulmanos. Entre os naires da Índia, pelo menos cada três, quatro ou mais homens têm uma mulher em comum. Mas cada um deles pode ter, em conjunto dos outros três ou mais homens, uma segunda, uma terceira, uma quarta ou mais mulheres. É estranho que McLennan, ao descrevê-los, não tenha descoberto uma nova categoria de casamento, o casamento por clubes e que desses clubes conjugais um homem pode fazer parte de vários deles. Aliás, esse regime de clubes conjugais nada tem a ver com a poliandria real. Pelo contrário, como já observou Giraud-Teulon, é uma forma peculiar do casamento por grupos. Os homens vivem na poligamia e as mulheres, na poliandria.

Capítulo II

A Família
4 - A família Monogâmica

Surge, conforme foi demonstrado, da família pré-monogâmica, no período de transição entre a fase média e a fase superior da barbárie. Seu triunfo definitivo é uma das características da civilização nascente. Baseia-se no domínio do homem com a finalidade expressa de procriar filhos cuja paternidade fosse indiscutível e essa paternidade é exigida porque os filhos deverão tomar posse dos bens paternos, na qualidade de herdeiros diretos. A família monogâmica se diferencia do casamento pré-monogâmico por uma solidez muito maior dos laços conjugais que já não podem ser rompidos por vontade de qualquer das partes. Agora, como regra, só o homem pode rompê-los e repudiar sua mulher. Ao homem, igualmente, é concedido o direito à infidelidade conjugal, sancionado ao menos pelo costume (o Código de Napoleão outorga-o expressamente ao homem, desde que ele não traga a concubina ao domicílio conjugal), e esse direito se exerce cada vez mais amplamente, à medida que se processa o desenvolvimento social. Quando a mulher, por acaso, recorda as antigas práticas sexuais e tenta renová-las, é punida mais rigorosamente do que nunca.

Entre os gregos é que encontramos, com toda a sua severidade, a nova forma de família. Enquanto a posição das deusas na mitologia, como observa Marx, nos fala de um período anterior, em que as mulheres ocupavam uma posição mais livre e de maior consideração, nos tempos dos heróis já encontramos a mulher humilhada pelo domínio do homem e pela concorrência das escravas. Leia-se na Odisseia, como Telêmaco interrompe sua mãe e a manda calar-se. Em Homero, os vencedores aplacam seus apetites sexuais nas jovens capturadas. Os comandantes, seguindo a ordem hierárquica, escolhem para si as mais lindas. E é sabido que toda a Ilíada gira em torno de uma disputa entre Aquiles e Agamenon por causa de uma escrava.

Para cada herói de certo relevo, Homero fala da jovem aprisionada na guerra e que divide a tenda e a cama com o herói. Essas jovens eram ainda levadas para a pátria dos heróis e para a casa conjugal, como Agamenon fez com Cassandra, segundo escreve Ésquilo. Os filhos nascidos dessas escravas recebem uma pequena parte da herança paterna e são considerados homens totalmente livres. Assim, Teucro, que é filho ilegítimo de Telamon, tem direito de usar o nome do pai. Quanto à mulher **legítima**, exige-se que tolere tudo isso e que, por sua vez, guarde uma castidade e uma fidelidade conjugal rigorosas.

É certo que a mulher grega da época dos heróis é mais respeitada que a do período civilizado. A verdade é, no entanto, que para o homem ela é apenas a mãe de seus filhos legítimos, seus herdeiros, aquela que administra a casa e comanda as escravas – escravas que o homem pode transformar (e transforma) em concubinas, a seu bel-prazer. A existência da escravidão junto à monogamia, a presença de jovens e belas prisioneiras que pertencem, com tudo o que têm, ao homem, é o que define desde a origem o caráter específico da monogamia que é monogamia só para a mulher e não, para o homem. E ainda hoje tem esse caráter.

Em relação aos gregos de uma época mais recente, devemos distinguir entre os dórios e os jônios. Os primeiros, dos quais Esparta é o exemplo clássico, sob muitos aspectos têm relações conjugais ainda mais primitivas que aquelas descritas pelo próprio Homero. Em Esparta subsiste um casamento pré-monogâmico modificado pelo Estado conforme as concepções ali dominantes e que conserva ainda algumas reminiscências do casamento por grupos. Os casamentos sem filhos são dissolvidos. O rei Anaxândrides (por volta do ano 650 antes de nossa era) tomou uma segunda mulher, sem deixar a primeira, que era estéril, e mantinha dois domicílios conjugais. Em torno dessa mesma época, o rei Ariston, que tinha duas mulheres estéreis, tomou outra, mas despediu uma das duas primeiras.

Por outro lado, vários irmãos podiam ter uma mulher comum. O homem que se agradava da mulher de seu amigo podia partilhá-la com ele e era considerado decente pôr a própria mulher à disposição de um vigoroso "garanhão", como diria Bismarck, mesmo que esse não fosse um concidadão. De uma passagem de Plutarco, em que uma espartana envia, a seu marido, um amante que a perseguia com suas propostas, pode-se inclusive, conforme Georg F. Schömann (*Griechische Alterthumer,* Bd I/II, Berlin1855/1859), deduzir uma liberdade de costumes ainda maior. Por isso, o adultério efetivo e a infidelidade da mulher às escondidas de seu marido eram coisas inauditas. Por outro lado, a escravidão doméstica era desconhecida em Esparta, pelo menos na época de seu apogeu, sendo que os servos hilotas viviam separados, nas terras de seus senhores. Desse modo, era menor a tentação de os espartanos livres andarem com as mulheres daqueles. Em virtude de todas essas circunstâncias, as mulheres espartanas tinham uma posição de maior respeito do que entre os outros gregos. As espartanas casadas e a elite das prostitutas atenienses são as únicas mulheres das quais os antigos falam com respeito e as únicas cujas frases pronunciadas eles acham dignas de registro.

Bem diversa era a situação entre os jônios, para os quais é característico o regime de Atenas. As jovens aprendiam somente a fiar, tecer e costurar. Quando muito, a ler e a escrever um pouco. Viviam praticamente enclausuradas e só lidavam com outras mulheres. Os aposentos das mulheres eram uma parte separada da casa, no andar de cima ou nos fundos, onde os homens, sobretudo os estranhos, não entravam com facilidade. Era também para onde as mulheres se retiravam quando chegava alguma visita. Não saíam sem a companhia de uma escrava. Dentro de casa, eram literalmente submetidas à vigilância. Aristófanes fala de cães molossos que eram mantidos para espantar adúlteros e, nas cidades asiáticas, para vigiar as mulheres havia eunucos. Desde os tempos de Heródoto, homens castrados em Quios para serem comercializados como eunucos e não eram destinados somente aos bárbaros, segundo escreve Wilhelm Wachsmuth (*Hellenische Alterthumskunde aus dem Gesichtspunkte des Staates*, Halle, 1830).

Em Eurípides, a mulher é designada como oikurema, isto é, algo destinado a cuidar da casa (a palavra é neutra). Além da procriação dos filhos, não passava de criada principal da casa para o ateniense. O homem tinha seus exercícios de ginástica e suas discussões públicas, coisas das quais a mulher estava excluída. Além disso, era frequente o homem ter escravas à sua disposição e, na época florescente de Atenas, havia uma prostituição muito difundida e, de qualquer forma, protegida pelo Estado. Foi precisamente com base nessa prostituição que se desenvolveram as únicas figuras femininas gregas que, por seu talento e por seu gosto artístico, destacaram-se do nível geral da mulher do mundo antigo, do mesmo modo que as espartanas se sobressaíram por seu caráter. Mas o fato de que, para se tornar realmente mulher, era preciso antes ser prostituta de elite, constitui a mais severa condenação à família ateniense.

Com o decorrer do tempo, essa família ateniense chegou a ser vista como modelo pelo qual estruturaram suas relações domésticas não apenas o resto dos jônios, como também todos os gregos da metrópole e das colônias. Mas, apesar de seu isolamento e da vigilância exercida, as mulheres gregas encontravam com bastante frequência oportunidade para enganar seus maridos. Esses, que se envergonhariam em demonstrar o menor amor por suas mulheres, divertiam-se com toda espécie de jogos amorosos com prostitutas de elite. Mas a degradação das mulheres recaiu sobre os próprios homens, acabando por degradá-los também, levando-os às repugnantes práticas da pederastia e a desonrarem seus deuses e a si próprios pelo mito de Ganimedes.

Essa foi a origem da monogamia, tal como pudemos observá-la no povo mais culto e desenvolvido da antiguidade. Ela não foi, de modo algum, fruto do amor sexual individual, com o qual nada tinha a ver, já que os casamentos continuavam sendo, como antes, casamentos de conveniência. Foi a primeira forma de família que não se baseava em condições naturais, mas em condições econômicas e, de modo específico, no triunfo da propriedade privada sobre a propriedade comum primitiva que havia surgido espontaneamente. Os gregos proclamavam abertamente que os únicos objetivos da monogamia eram o domínio do homem na família e a procriação de filhos que só pudessem ser seus e que estavam destinados a herdar suas riquezas. De resto, o casamento era para eles um peso, um dever para com os deuses, para com o Estado e para com seus antepassados, dever que estavam obrigados a cumprir. Em Atenas, a lei não apenas impunha o casamento, mas também obrigava o marido ao cumprimento de um mínimo dos chamados deveres conjugais.

A monogamia, portanto, não entra de modo algum na história como uma reconciliação entre o homem e a mulher e, menos ainda, como a forma mais elevada de casamento. Pelo contrário, surge sob a forma de subjugação de um sexo pelo outro, como proclamação de um conflito entre os sexos, ignorado, até então, em toda a pré-história. Num velho manuscrito inédito, redigido em 1846 por Marx e por mim[6], encontro o seguinte: "A primeira divisão do trabalho é a que se fez entre o homem e a mulher para a procriação de filhos". Hoje posso acrescentar que a primeira oposição de classes que apareceu na história coincide com o desenvolvimento do antagonismo entre o homem e a mulher, na monogamia e que a primeira opressão de classe coincide com a opressão do sexo feminino pelo masculino. A monogamia foi um grande progresso histórico, mas, ao mesmo tempo, inaugura, juntamente com a escravidão e as riquezas privadas, aquele período que dura até nossos dias, no qual cada progresso é simultaneamente um relativo retrocesso e no qual o bem-estar e o desenvolvimento de uns se realizam às custas da dor e da repressão de outros. Ela é a forma celular da sociedade civilizada, na qual já podemos estudar a natureza das oposições e das contradições que atingem seu pleno desenvolvimento nessa sociedade.

....
[6] Texto incluído em A Ideologia Alemã de Karl Marx e Friedrich Engels. A ideia aparece nesse livro, mas não com os termos acima.

A antiga liberdade relativa das relações sexuais não desapareceu completamente com o triunfo do casamento pré-monogâmico, nem mesmo com o da monogamia. "O antigo sistema conjugal, agora reduzido a limites mais estreitos pelo gradual desaparecimento dos grupos punaluanos, continuou acompanhando a família que evoluía e ficou ligado a ela até o alvorecer da civilização [...] Desapareceu finalmente com a nova forma de heterismo que continua acompanhando o gênero humano até a plena civilização, como uma sombra negra por sobre a família."

Morgan entende por heterismo as relações sexuais extraconjugais que ocorrem junto da monogamia e que os homens mantêm com mulheres não casadas, relações que, como se sabe, florescem sob as mais variadas formas durante todo o período da civilização e se transformam, cada vez mais, em aberta prostituição. Esse heterismo deriva diretamente do casamento por grupos, do sacrifício pessoal que as mulheres faziam para adquirir o direito à castidade. A entrega por dinheiro foi, a princípio, um ato religioso e era praticada no templo da deusa do amor. O dinheiro originalmente era depositado no tesouro do templo. As hieródulas de Anaites na Armênia, de Afrodite em Corinto, bem como as bailarinas religiosas ligadas aos templos da Índia, conhecidas pelo nome de *bayaderas* (corruptela do português *bailadeira*), foram as primeiras prostitutas.

O sacrifício da entrega que, no início era obrigação de toda mulher, passou a ser praticado, mais tarde, apenas por essas sacerdotisas, representado todas as demais mulheres. Em outros povos, o heterismo provém da liberdade sexual permitida às jovens antes do casamento, pelo que se infere que é também uma reminiscência do casamento por grupos, mas que chegou até nós por outros caminhos. Com a diferenciação na propriedade, isto é, já na fase superior da barbárie, aparece esporadicamente o trabalho assalariado com o trabalho dos escravos e, ao mesmo tempo, como seu correlativo necessário, a prostituição profissional das mulheres livres aparece juntamente à entrega forçada das escravas. Desse modo, a herança que o casamento por grupos legou à civilização é ambígua, como é ambíguo, equivocado, contraditório tudo o que a civilização produz: de um lado a monogamia, de outro, o heterismo, juntamente com sua forma extrema, a prostituição.

O heterismo é uma instituição social como outra qualquer e mantém a antiga liberdade sexual – em benefício dos homens. Na realidade, embora seja não apenas tolerado, mas praticado livremente sobretudo pelas classes dominantes, é condenado em palavras. Essa reprovação, contudo, nunca se dirige contra os homens que o praticam e sim, somente, contra as mulheres, que são desprezadas e relegadas para que se proclame uma vez mais como lei fundamental da sociedade a supremacia absoluta do homem sobre o sexo feminino.

Mas, na própria monogamia, desenvolve-se uma segunda contradição. Junto do marido, que amenizava a existência com o heterismo, encontra-se a esposa abandonada. E não pode haver um termo de uma contradição sem que lhe corresponda o outro, como não se pode ter nas mãos uma maçã inteira, depois de ter comido metade dela. Essa, no entanto, parece ter sido a opinião dos homens, até que as mulheres lhes ensinaram outra coisa mais interessante. Com a monogamia, apareceram duas figuras sociais constantes e características, até então desconhecidas: o inevitável amante da mulher casada e o marido traído. Os homens haviam conseguido vencer as mulheres, mas as vencidas se encarregaram, generosamente, de coroar os vencedores. O adultério, proibido e punido rigorosamente, mas irreprimível, tornou-se uma instituição social inevitável, junto da monogamia e do heterismo. No melhor das hipóteses, a certeza da paternidade baseava-se agora como antes na convicção moral e, para resolver a insolúvel contradição, o Código de Napoleão dispôs em seu artigo 312: *"L'enfant conçu pendant le mariage a pour père le mari"* (O filho concebido durante o casamento tem por pai o marido). É esse o resultado final de três mil anos de monogamia.

Assim, pois, nos casos em que a família monogâmica reflete fielmente sua origem histórica e manifesta com clareza o conflito entre o homem e a mulher, originado pela dominação exclusiva do homem, temos um quadro em miniatura das mesmas oposições e contradições em que se move a sociedade, dividida em classes desde os primórdios da civilização, sem poder resolvê-las nem superá-las. Naturalmente, só me refiro aqui aos casos de monogamia em que a vida conjugal transcorre conforme as prescrições do caráter original dessa instituição, mas na qual a mulher se rebela contra a dominação do homem. Que nem todos os casamentos decorrem dessa forma, sabe-o melhor do que ninguém o filisteu alemão que não sabe mandar nem em sua casa nem no Estado e cuja mulher veste com pleno direito as calças das quais ele não é digno. Em contrapartida, porém, ainda se julga muito superior a seu companheiro de infortúnios da França, a quem ocorrem coisas bem mais desagradáveis e com maior frequência do que a ele próprio.

De resto, a família monogâmica não se revestiu em todos os lugares e em todas as épocas da forma clássica e rígida que teve entre os gregos. Entre os romanos, futuros conquistadores do mundo, a mulher era mais livre e mais considerada. Os romanos tinham uma visão mais ampla das coisas, embora menos apurada que a dos gregos. O romano acreditava que a fidelidade de sua mulher estava suficientemente garantida pelo direito de vida e morte que tinha sobre ela. Além disso, a mulher romana também podia romper o vínculo matrimonial à sua vontade, tal como o homem.

Mas o maior progresso no desenvolvimento da monogamia ocorreu decididamente com a entrada dos germânicos na história. E foi assim porque, em virtude de sua pobreza, parece que, naquele tempo, a monogamia ainda não se havia desenvolvido plenamente entre eles, a partir do casamento pré-monogâmico. Concluímos isso com base em três circunstâncias mencionadas por Tácito[7]. Em primeiro lugar, juntamente com a grande santidade do matrimônio ("Contentam-se com uma só mulher e as mulheres vivem cercadas por seu pudor"), vigorava a poligamia para os grandes e os chefes de tribo, situação análoga à dos americanos, entre os quais vigorava o casamento pré-monogâmico. Em segundo lugar, a transição do direito materno para o direito paterno devia ter-se realizado pouco antes, pois o irmão da mãe – o parente gentílico mais próximo, segundo o direito materno – continuava a ser considerado quase como um parente mais próximo que o próprio pai, o que também

---

[7] Caius Cornelius Tacitus [55-120 d.C.], *Germania*.

corresponde ao ponto de vista dos índios americanos, entre os quais Marx havia encontrado, como costumava dizer, a chave para compreender nossos tempos primitivos. E em terceiro lugar, as mulheres eram, entre os germânicos, altamente consideradas e influentes, mesmo nos negócios públicos, o que está em oposição direta com a dominação masculina na monogamia.

Em todas esses pontos, os germânicos estavam quase inteiramente de acordo com os espartanos, entre os quais, conforme vimos, também não havia desaparecido de todo o casamento pré-monogâmico. Assim, com os germânicos aparecia também um elemento inteiramente novo que se impôs em âmbito mundial. A nova monogamia que resultou da mistura dos povos, sobre as ruínas do mundo romano, revestiu a dominação do homem de formas mais suaves e atribuiu às mulheres uma posição muito mais respeitada e livre, pelo menos aparentemente, do que aquelas que já conhecera na Antiguidade clássica. Só então passou a existir a possibilidade, a partir da monogamia – dentro dela, ao lado dela ou contra ela, conforme as circunstâncias – de se desenvolver o maior progresso moral que lhe devemos: o amor sexual individual moderno, anteriormente desconhecido no mundo.

Mas esse progresso adveio por certo da circunstância de viverem os germânicos ainda sob o regime da família pré-monogâmica e de terem enxertado na monogamia, da forma que puderam, a situação da mulher correspondente à da família pré-monogâmica. Não proveio, de modo algum, das legendárias e maravilhosas disposições naturais dos germânicos, cuja família não se limitava ao fato de o casamento pré-monogâmico não revelar as mesmas agudas contradições morais da monogamia. Pelo contrário, em suas migrações, particularmente para o sudeste, em direção às estepes do Mar Negro, povoadas por nômades, os germânicos sofreram sensível decadência sob o aspecto moral, adquirindo desses nômades, além da arte da equitação, vícios antinaturais, sobre os quais testemunham de modo expresso Amiano acerca dos taifalos e Procópio a respeito dos hérulos.

Se a monogamia foi, no entanto, de todas as formas de família conhecidas, a única em que se pôde desenvolver o amor sexual moderno, isso não significa, de modo algum, que ele se tenha desenvolvido de maneira exclusiva ou ainda predominante, sob forma de amor mútuo dos cônjuges. A própria natureza da monogamia, solidamente baseada na supremacia do homem, exclui essa possibilidade. Em todas as classes históricamente ativas, isto é, em todas as classes dominantes, o casamento continuou sendo o que havia sido desde o casamento pré-monogâmico, coisa de conveniência, arranjada pelos pais.

A primeira forma do amor sexual como paixão que apareceu na história e como paixão possível para qualquer pessoa (pelo menos das classes dominantes), como forma suprema de impulso sexual – o que constitui precisamente seu caráter específico – essa primeira forma, o amor cavalheiresco da Idade Média, não foi de modo algum amor conjugal. Pelo contrário, em sua forma clássica, entre os provençais, ruma abertamente para o adultério que é cantado por seus poetas. A flor da poesia amorosa provençal são as albas, em alemão *Tagelieder*, cantos do alvorecer. Pintam com cores vivas como o cavaleiro deita com sua amada, mulher de outro, enquanto lá fora fica o vigia que o chama quando começa a clarear a madrugada (alba), para que possa escapar sem ser notado. A cena da separação constitui geralmente o ponto culminante do poema. Os franceses do norte e também os bravos alemães adotaram esse gênero de poesia e, ao mesmo tempo, os entreveros do amor cavalheiresco que lhe corresponde. Nosso velho Wolfram von Eschenbach deixou sobre esse sugestivo tema três encantadores *Tagelieder* que me agradam mais do que seus três longos poemas épicos.

O casamento burguês assume duas feições em nossos dias. Nos países católicos, agora como antes, são os pais que arranjam para o jovem burguês a mulher que lhe convém, do que resulta naturalmente o mais amplo desenvolvimento da contradição que a monogamia encerra: heterismo exuberante por parte do homem e adultério exuberante por parte da mulher. Se a Igreja católica aboliu o divórcio, é provável que seja porque terá reconhecido que, contra o adultério como contra a morte, não há remédio que valha. Nos países protestantes, ao contrário, a regra geral é conceder ao filho do burguês mais ou menos liberdade para procurar mulher dentro de sua classe. Por isso, o amor pode ser até certo ponto a base do matrimônio e assim se supõe sempre que seja, para guardar as aparências, o que está plenamente de acordo com a hipocrisia protestante. O marido já não pratica o heterismo tão frequentemente e a infidelidade da mulher é mais rara, mas, como em todas as classes de casamento, os seres humanos continuam sendo o que eram antes e, como os burgueses dos países protestantes são em sua maioria filisteus, essa monogamia protestante se resume, mesmo tomando o termo médio dos melhores casos, num aborrecimento mortal, sofrido em comum, e que se designa de felicidade familiar.

O melhor espelho destes dois tipos de matrimônio é o romance. O romance francês para a maneira católica, o romance alemão para a protestante. Em ambos os casos: o homem "ganha". No romance alemão, o jovem ganha a moça, enquanto que no romance francês, o marido ganha um par de chifres. Qual dos dois se sai pior? Nem sempre é possível dizê-lo. Por isso, o clima de aborrecimento do romance alemão inspira aos leitores da burguesia francesa o mesmo horror que a "imoralidade" do romance francês provoca ao filisteu alemão. Embora, nesses últimos tempos, desde que "Berlim começou a se tornar uma grande cidade", o romance alemão começou a tratar um pouco menos timidamente o heterismo e o adultério, bem conhecidos por lá há bastante tempo.

Em ambos os casos, porém, o matrimônio é condicionado pela posição social dos contraentes e, nessa medida, é sempre um matrimônio de conveniência. Também nos dois casos, esse matrimônio de conveniência se converte com frequência na mais crassa prostituição, às vezes por parte de ambos os cônjuges, mas muito mais habitualmente por parte da mulher. Esta só se diferencia da prostituta habitual pelo fato de que não aluga seu corpo por hora, como uma assalariada, mas sim porque o vende de uma vez, para sempre, como uma escrava. E para todos esses casamentos de conveniência valem perfeitamente estas palavras de Fourier (*Traité de l'Association domestique-agricole*, Paris-Londres, 1822): "Assim como em gramática duas negações equivalem a uma afirmação, de igual modo na moral conjugal duas prostituições equivalem a uma virtude."

Nas relações com a mulher, o amor sexual só se torna e só se pode tornar norma efetiva entre as classes oprimidas, quer dizer, em nossos dias, entre o proletariado, estejam ou não oficialmente autorizadas essas relações. Mas desaparecem também, nesses casos, todos os fundamentos da monogamia clássica. Faltam aí, por completo, os bens e as riquezas, para cuja conservação e transmissão por herança foram instituídas precisamente a monogamia e a dominação do homem. E por isso, falta aí também toda a motivação para estabelecer a dominação do homem. Mais ainda, faltam até os meios para consegui-lo. O direito burguês que defende essa dominação só existe para as classes possuidoras e para regular as relações dessas classes com os proletários. Isso custa dinheiro e, em virtude da pobreza do operário, não desempenha papel algum na atitude deste para com sua mulher.

Nesse caso, o papel decisivo cabe a outras relações pessoais e sociais. Além disso, sobretudo desde que a grande indústria arrancou a mulher do lar para jogá-la no mercado de trabalho e na fábrica, convertendo-a frequentemente em sustentáculo da família, ficaram desprovidos de qualquer base os últimos restos da supremacia do homem no lar proletário, excetuando-se, talvez, certa brutalidade no trato com a mulher, muito arraigada desde a introdução da monogamia. Assim, a família do proletário já não é uma família monogâmica no sentido estrito da palavra, apesar do amor mais apaixonado e da fidelidade mais absoluta de ambos e apesar de todas as bênçãos espirituais e temporais possíveis. Por isso, o heterismo e o adultério, eternos companheiros da monogamia, desempenham aqui um papel quase nulo. A mulher reconquistou, na prática, o direito de divórcio e os esposos preferem se separar quando já não se podem entender um com o outro. Em resumo, o casamento proletário é monogâmico no sentido etimológico da palavra, mas de modo algum em seu sentido histórico.

Certamente nossos juristas acham que o progresso da legislação vai tirando cada vez mais às mulheres qualquer razão de queixa. Os modernos sistemas legislativos dos países civilizados vão reconhecendo progressivamente que, em primeiro lugar, o casamento, para ser válido, tem de ser um contrato livremente assumido por ambas as partes e, em segundo lugar, que durante sua vigência as partes devem ter mesmos direitos e deveres, uma perante a outra. Se essas duas condições fossem somente postas em prática, as mulheres teriam em decorrência tudo aquilo que podem desejar.

Essa argumentação tipicamente jurídica é exatamente a mesma de que se valem os republicanos radicais burgueses para atacar e calar o proletário. Supõe-se que o contrato de trabalho seja livremente firmado por ambas as partes. Mas considera-se livremente firmado desde o momento em que a lei estabelece no papel a igualdade de ambas as partes. A força que a diferença de situação de classe dá a uma das partes, a pressão que essa força exerce sobre a outra, a situação econômica real de ambas, tudo isso não interessa à lei. Enquanto dura o contrato de trabalho, continua a suposição de que as duas partes desfrutam de direitos iguais, desde que uma ou outra não renuncie expressamente a eles. E, se a situação econômica concreta do operário o obriga a renunciar até à última aparência de igualdade de direitos, a lei novamente nada pode fazer contra isso.

Com relação ao casamento, mesmo a legislação mais avançada se considera inteiramente satisfeita desde que os interessados declarem formalmente em ata que é de sua livre vontade. A lei e o jurista não se preocupam com o que se passa por trás dos bastidores jurídicos, em que corre a vida real, nem como se tenha chegado a esse consentimento de livre vontade. Entretanto, a mais simples comparação entre as legislações de países diversos poderia mostrar ao jurista o que representa essa livre vontade. Nos países onde a lei assegura aos filhos uma parte da herança dos bens paternos e onde, por conseguinte, eles não podem ser deserdados – na Alemanha, nos países que seguem o direito francês, etc. – os filhos necessitam do consentimento dos pais para contrair matrimônio. Nos países onde se pratica o direito inglês, de acordo com o qual o consentimento paterno não é uma condição legal para o casamento, os pais gozam de completa liberdade de fazer seu testamento e podem, caso o queiram, deserdar os filhos. É claro que apesar disso e precisamente por isso, a liberdade de contrair casamento, entre as classes em que há algo a herdar, não é efetivamente nem um milímetro maior na Inglaterra e na América do que na França e na Alemanha.

A situação não é melhor no tocante à igualdade de direitos, sob o ponto de vista jurídico, do homem e da mulher no casamento. A desigualdade legal de ambos, que herdamos de condições sociais anteriores, não é causa e sim efeito da opressão econômica da mulher. Na antiga economia doméstica comunista que abrangia numerosos casais com seus filhos, a direção do lar confiada às mulheres era uma indústria tão pública, tão socialmente necessária quanto a obtenção de alimentos, de que estavam encarregados os homens. Essa situação se alterou com a família patriarcal e ainda mais com a família monogâmica. A administração do lar perdeu seu caráter público. A sociedade já nada mais tinha a ver com ela. A administração do lar se transformou em serviço privado. A mulher se converteu na primeira criada e foi afastada da participação na produção social. Só a grande indústria de nossos dias lhe abriu de novo – embora apenas para a mulher proletária – o caminho da produção social. Mas isso se fez de tal modo que, se a mulher cumpre seus deveres no serviço privado da família, fica excluída do trabalho público e nada pode ganhar. Se quer participar da indústria pública e ganhar dinheiro de maneira autônoma, torna-se impossível para ela cumprir com suas obrigações domésticas. Da mesma forma que na fábrica, acontece o mesmo com a mulher em todos os ramos de atividade, inclusive na medicina e na advocacia.

A família individual moderna está baseada na escravidão doméstica, transparente ou dissimulada, da mulher e a sociedade moderna é uma massa cujas moléculas são compostas exclusivamente por famílias individuais. Hoje em dia é o homem que, na maioria dos casos, tem de ser o suporte, o sustento da família, pelo menos nas classes possuidoras, e isso lhe dá uma posição de dominador que não precisa de nenhum privilégio legal específico. Na família, o homem é o burguês e a mulher representa o proletário.

No mundo industrial, contudo, o caráter específico da opressão econômica que pesa sobre o proletariado não se manifesta em todo o seu rigor, senão quando são suprimidos todos os privilégios legais da classe capitalista e quando for estabelecida a plena igualdade jurídica das duas classes. A república democrática não suprime o antagonismo entre as duas classes. Pelo contrário, ela apenas fornece o terreno em que essa oposição vai ser decidida pela luta. De igual modo, o caráter particular do domínio do homem sobre a mulher na família moderna, assim como a necessidade e o modo de se estabelecer uma igualdade social efetiva entre ambos, não se manifestarão com toda a nitidez senão quando homem e mulher tiverem, por lei, direitos absolutamente iguais. Então é que se há de ver que a libertação da mulher exige, como primeira condição, a reintegração de todo o sexo feminino na indústria pública, o que, por sua vez, exige a supressão da família individual enquanto unidade econômica da sociedade.

De acordo com o que foi dito, há três formas principais de casamento que correspondem, em traços gerais, aos três estágios fundamentais da evolução humana. Ao estado selvagem corresponde o casamento por grupos; à barbárie, o casamento pré-monogâmico e à civilização corresponde a monogamia com seus complementos, o adultério e a prostituição. Entre o casamento pré-monogâmico e a monogamia, inserem-se, na fase superior da barbárie, a sujeição das mulheres escravas aos homens e a poligamia.

Como ficou demonstrado por toda essa nossa exposição, a peculiaridade do progresso manifestado nessa sucessão de formas de casamento consiste em que se foi tirando cada vez mais às mulheres, mas não aos homens, a liberdade sexual do casamento por grupos. Realmente, para os homens o casamento por grupos continua existindo de fato até hoje. Aquilo que para a mulher é um crime de graves consequências legais e sociais, para o homem é algo considerado honroso ou, quando muito, uma leve mancha moral' que se carrega com real satisfação.

Quanto mais o heterismo tradicional se modifica, porém, em nossa época, pela produção capitalista de mercadorias à qual se adapta, tanto mais se transforma em aberta prostituição e mais desmoralizadora se torna sua influência. E na verdade, desmoraliza muito mais os homens que as mulheres. A prostituição, entre as mulheres, degrada apenas as infelizes que nela caem e mesmo a estas em grau menor do que se costuma julgar. Em contrapartida, rebaixa o caráter de todo o sexo masculino. Nessas circunstâncias, cumpre ressaltar que, em nove de cada dez casos, o noivado prolongado é uma verdadeira escola preparatória para a infidelidade conjugal.

No momento presente, estamos caminhando para uma revolução social, em que as atuais bases econômicas da monogamia até aqui existentes vão desaparecer, tão seguramente como vão desaparecer as da prostituição, complemento daquela. A monogamia surgiu da concentração de grandes riquezas nas mesmas mãos – as de um homem – e do desejo de transmitir essas riquezas, por herança, aos filhos desse homem, excluídos os filhos de qualquer outro. Para isso era necessária a monogamia da mulher, mas não a do homem, tanto assim que a monogamia daquela não constituiu o menor empecilho à poligamia, oculta ou descarada, desse. Mas a revolução social iminente, transformando pelo menos a imensa maioria das riquezas duradouras hereditárias – os meios de produção – em propriedade social, reduzirá ao mínimo toda essa preocupação com a transmissão por herança. Então, como a monogamia surgiu de causas econômicas, quando desaparecerem essas causas desaparecerá ela também?

A resposta poderia ser, e não sem fundamento, que não somente não haverá de desaparecer como, pelo contrário, haverá de se realizar plenamente a partir desse momento. Porque com a transformação dos meios de produção em propriedade social desaparecem o trabalho assalariado, o proletariado e, consequentemente, a necessidade de se prostituírem algumas mulheres, em número estatisticamente calculável. A prostituição desaparece e a monogamia, em vez de acabar, se tornará finalmente uma realidade – também para os homens.

De qualquer modo, a situação dos homens haverá de se modificam em muito. Mas também a das mulheres, de todas as mulheres, haverá de sofrer profundas transformações. Quando os meios de produção passarem a ser propriedade comum, a família individual deixará de ser a unidade econômica da sociedade. A economia doméstica converter-se-á em indústria social. O tratamento e a educação das crianças passarão a ser uma questão pública. A sociedade cuidará, com o mesmo empenho, de todos os filhos, sejam legítimos ou ilegítimos. Desaparecerá, desse modo, o temor das "consequências" que é hoje o mais importante fator social, tanto do ponto de vista moral como do ponto de vista econômico, e que impede uma jovem solteira de se entregar livremente ao homem que ama. Não será isso suficiente para que apareçam gradualmente relações sexuais mais livres e também para que a opinião pública se torne menos rigorosa quanto à honra da virgindade e à desonra das mulheres? E finalmente, não vimos que, no mundo moderno, a prostituição e a monogamia, ainda que antagônicas, são inseparáveis, como pólos de uma mesma ordem social? Pode a prostituição desaparecer sem arrastar consigo, na queda, a monogamia?

É agora que intervém um elemento novo, um elemento que existia no máximo em embrião, quando surgiu a monogamia: o amor sexual individual.

Antes da Idade Média, não se pode falar de amor sexual individual. É evidente que a beleza pessoal, a intimidade, as afinidades, etc., deviam despertar nos indivíduos de sexos diferentes o desejo de relações sexuais e que, tanto para os homens como para as mulheres, não era de todo indiferente com quem ter essas relações mais íntimas. Mas daí até o amor sexual moderno ainda vai uma enorme distância. Em toda a antiguidade, os casamentos são arranjados pelos pais, em vez de pelos interessados. Esses se conformam tranquilamente. O pouco amor conjugal que a Antiguidade conhece não é uma inclinação subjetiva, mas sim uma obrigação objetiva, não é o fundamento, mas sim o complemento do matrimônio. As relações amorosas, no sentido moderno da expressão, ocorrem somente na antiguidade fora da sociedade oficial. Os pastores, cujas alegrias e sofrimentos amorosos são cantados por Teócrito e Mosco e ainda por Longo em seu Dafne e Cloé, não passam de simples escravos que não têm qualquer participação no Estado, esfera em que se move o cidadão livre. Excluídos os escravos, porém, não encontramos relações amorosas senão como um produto da decomposição do mundo antigo, quando este já está em pleno declínio, e com mulheres que estão igualmente fora da sociedade oficial, com heteras, isto é, estrangeiras ou libertas. Isso ocorre em Atenas, às vésperas de sua queda, e em Roma, sob os imperadores. Se havia ali relações amorosas entre cidadãos e cidadãs livres, todas eram mero adultério. E o amor sexual, tal como nós o entendemos, era algo de tão pouca importância para o velho Anacreonte, o cantor clássico do amor na antiguidade, que mesmo o sexo da pessoa amada lhe era completamente indiferente.

Nosso amor sexual difere essencialmente do simples desejo sexual, o eros dos antigos. Em primeiro lugar, porque pressupõe reciprocidade do amor por parte do ser amado, igualando, nesse particular, a mulher e o homem, ao passo que no eros antigo a mulher pouquíssimas vezes é consultada. Em segundo lugar, o amor sexual atinge um grau de intensidade e de duração que transforma em grande infelicidade, talvez a maior de todas, para os amantes, a falta de relações íntimas ou a separação. Para se entregarem mutuamente, não recuam diante de coisa alguma e arriscam até as próprias vidas, o que não acontecia na antiguidade, senão em caso de adultério. Finalmente, surge um novo critério moral para julgar as relações sexuais. Já não se pergunta apenas se são legítimas ou ilegítimas, mas se resultam ou não de um amor recíproco. É evidente que, tanto na prática feudal como na burguesa, esse critério não é mais respeitado do que qualquer outro critério moral. Passa por cima dele. Mas também não recebe tratamento pior. É tão reconhecido como os outros, na teoria e no papel. E, por enquanto, não se pode exigir mais.

A Idade Média parte do ponto em que se deteve a Antiguidade, com seu amor sexual em embrião, isto é, do adultério. Já descrevemos o amor cavalheiresco que inspirou as *Tagelieder*. Desse amor, que tende a cometer adultério, até o amor que há de servir de fundamento para o matrimônio, há ainda um longo caminho que a cavalaria jamais percorreu até o fim. Mesmo quando passamos dos frívolos povos latinos aos virtuosos alemães, vemos no poema dos Nibelungos que Cremilda, embora esteja secretamente apaixonada por Siegfried e este por ela, quando Gunther lhe anuncia que já a prometeu a um cavaleiro cujo nome não diz, responde apenas: "Não me precisais suplicar, farei sempre aquilo que me ordenardes; desposarei de bom grado aquele que vós, Senhor, me derdes por marido."

Sequer lhe passa pela cabeça a ideia de que seu amor possa ser levado em consideração. Gunther pede a mão de Brunilda e Etzel a de Cremilda, sem jamais as terem visto. Do mesmo modo, em *Gutrun*, Sigebant da Irlanda pretende casar com a norueguesa Ute, Hetel de Hegelingen com Hilda da Irlanda e, finalmente, Siegfried da Morlândia, Hartmut da Ormânia e Herwig da Zelândia pedem, os três, a mão de Gutrun. Só nesse caso acontece que Gutrun se pronuncia livremente pelo último.

Via de regra, a noiva do jovem príncipe é escolhida pelos pais dele, se ainda estiverem vivos, ou senão pelo próprio príncipe, aconselhado pelos grandes senhores feudais, cuja opinião tem muito peso nesses casos. E certamente não pode ser de outro modo. Para o cavaleiro ou barão, como também para o príncipe, o casamento é um ato político, uma oportunidade para aumentar seu poder por meio de novas alianças. O interesse da casa é que decide e não as inclinações do indivíduo. Como poderia, em tal situação, caber ao amor a última palavra na definição dos casamentos?

Não é diferente o que acontece com os burgueses das corporações, nas cidades da Idade Média. Os próprios privilégios que os protegem, as cláusulas dos regulamentos corporações, as complicadas fronteiras que os separam legalmente, seja de outras corporações, seja de seus próprios companheiros de corporação ou ainda de seus oficiais e aprendizes, tornavam bastante estreito o círculo em que podiam buscar esposas adequadas. Nesse complexo sistema, evidentemente, não era o pendor pessoal e sim a conveniência de família que determinava qual mulher mais lhe convinha. Na maioria dos casos, portanto, e até o final da Idade Média, o casamento continuou sendo o que tinha sido desde sua origem: um contrato não firmado pelas partes interessadas.

A princípio, vinha-se ao mundo já casado com todo um grupo do outro sexo. Depois, na forma posterior de casamento por grupos, deve ter-se verificado provavelmente uma situação análoga, mas com uma redução progressiva do grupo. No casamento prémonogâmico, é regra que as mães combinem entre si casamento de seus filhos; também aqui o fator decisivo é o desejo de que os novos laços de parentesco robusteçam a posição do jovem casal na *gens* e na tribo. E, quando a propriedade privada passou a preponderar sobre a propriedade coletiva, quando os interesses da transmissão por herança fizeram surgir o predomínio do direito paterno e da monogamia, o casamento começou a depender inteiramente de condições econômicas. A forma de casamento por compra desaparece, mas, na verdade, continua sendo praticado cada vez mais e de modo que não só a mulher tem seu preço, como também o homem, embora não segundo suas qualidades pessoais, mas segundo suas posses. Na prática e desde o princípio, se havia algo inconcebível para as classes dominantes era que a inclinação mútua dos interessados pudesse ser a razão por excelência do matrimônio. Isso só se passava nos romances ou entre as classes oprimidas que pouco ou nada contavam.

Essa era a situação que a produção capitalista encontrou quando, a partir da era dos descobrimentos geográficos, pôs-se a conquistar o domínio do mundo por meio do comércio mundial e da indústria manufatureira. É de se supor que esse modo de contrair matrimônio lhe conviesse excepcionalmente e realmente assim foi. E, no entanto – a ironia da história do mundo é insondável – seria precisamente o capitalismo que haveria de abrir nesse modo de contrair matrimônio a brecha decisiva. Ao transformar todas as coisas em mercadorias, a produção capitalista destruiu todas as relações tradicionais, vindas do passado, substituindo os costumes herdados e os direitos históricos pela compra e venda, pelo "livre" contrato. O jurista inglês Henry S. Maine (*Ancient Law, its Connection with the Early History of Society and its Relation to Modern Ideas*, Londres, 1866) acreditou ter feito uma descoberta extraordinária ao dizer que nosso progresso em relação às épocas anteriores consiste em que passamos *from status to contract*, isto é, de uma ordem de coisas recebida como herança para outra livremente consentida, uma afirmação que, na medida em que é correta, já se encontrava no Manifesto Comunista.

Mas para firmar contratos, é necessário que haja pessoas que possam dispor livremente de si mesmas, de suas ações, de seus bens e que estejam em igualdade de condições. Uma das principais tarefas da produção capitalista foi exatamente criar essas pessoas "livres" e "iguais". Se é certo que, de início, isso apenas acontecia de maneira semi-consciente e, além disso, sob o disfarce da religião, a partir da reforma luterana e calvinista, ficou claramente estabelecido o princípio de que o homem não é completamente responsável por suas ações senão quando as pratica com pleno livre arbítrio e que é um dever moral opor resistência a tudo que o constrange a praticar um ato imoral.

Mas como pôr de acordo esse princípio com a prática, usual até então, de contrair casamento? Segundo a concepção burguesa, o casamento era um contrato, um negócio legal e certamente o mais importante de todos, pois dispunha do corpo e da alma de duas pessoas por toda a vida. É verdade que, naquela época, o matrimônio era contraído formalmente, de livre vontade. Nada podia ser feito sem o "sim" dos interessados. Todos, contudo, sabiam muito bem como se obtinha o "sim" e quais eram os verdadeiros contratantes do casamento. Entretanto, se para todos os demais contratos se exigia a liberdade real para decidir, por que não era exigida a liberdade nesse contrato? Os jovens que deviam ser unidos não tinham também o direito de dispor livremente de si próprios, de seu corpo e dos respectivos órgãos? Não se havia tornado moda, graças á cavalaria, o amor sexual e não era o amor dos esposos, em comparação com o amor cavalheiresco adúltero, a verdadeira forma burguesa do amor? E se o dever dos esposos era o amor recíproco, não seria igualmente dever dos que se amavam casarem um com o outro e não com alguma outra pessoa qualquer? E esse direito dos que se amavam não seria superior ao direito dos pais, dos parentes e dos demais casamenteiros tradicionais ? Se o direito à livre decisão pessoal penetrasse espontaneamente na Igreja e na religião, como se poderia ser detida diante da intolerável pretensão da velha geração de dispor do corpo, da alma, dos bens, da felicidade e da infelicidade da geração mais jovem?

Essas questões tinham de ser levantadas numa época em que se afrouxavam todos os antigos vínculos sociais e em que eram sacudidos os fundamentos de todas as concepções tradicionais. A terra havia se tornado de repente dez vezes maior. Em lugar de apenas um quadrante do hemisfério, agora todo o globo terrestre se estendia diante dos olhos dos europeus ocidentais que se apressavam em tomar posse dos outros sete quadrantes. E da mesma forma que caíam as antigas e estreitas fronteiras de cada país, assim também ruíam as milenares barreiras impostas ao pensamento medieval. Um horizonte infinitamente mais vasto se abria diante dos olhos e do espírito do homem. Que importância podiam ter ainda a reputação de honorabilidade, que importância haveriam de ter os respeitáveis privilégios corporativos, transmitidos de geração em geração, para o jovem que era atraído pelas riquezas das Índias, pelas minas de ouro e prata do México e do Potosi? Aquela foi a época dos cavaleiros viajantes da burguesia, época que também teve seu romantismo e seus delírios amorosos, mas numa base burguesa e com objetivos que, em última análise, eram burgueses.

Assim, aconteceu que a burguesia nascente, sobretudo a dos países protestantes, onde se sacudiu de uma maneira mais profunda a ordem de coisas vigente, foi reconhecendo cada vez mais para o casamento a liberdade contratual, realizando-a da maneira que descrevemos acima. O casamento continuou sendo um casamento de classe, mas dentro da classe era concedido aos interessados certa liberdade de escolha. E no papel, tanto na teoria moral como nas narrações poéticas, nada ficou tão inabalavelmente estabelecido como a imoralidade de todo casamento que não fosse baseado num amor sexual recíproco e num contrato de cônjuges efetivamente livres. Em resumo, o casamento por amor foi proclamado como um direito do ser humano e não só como *droit de l'homme* (direito do homem), mas também e por exceção como um *droit de la femme* (direito da mulher).

Num ponto, porém, esse direito humano diferia de todos os demais chamados direitos humanos. Enquanto esses, na prática, ficaram limitados à classe dominante, à burguesia, e direta ou indiretamente tolhidos à classe oprimida, ao proletariado, aqui se confirma uma vez mais a ironia da história. A classe dominante continuou submetida às influências econômicas conhecidas e, por esse motivo, só em casos excepcionais apresenta casamentos contraídos com real liberdade, ao passo que esses casamentos, como já vimos, constituem a regra nas classes dominadas.

Assim, a completa liberdade ao contrair matrimônio só se poderá verificar em caráter geral quando a eliminação da produção capitalista e das relações de propriedade por ela criadas tiverem removido todas as considerações econômicas secundárias que ainda hoje exercem uma influência tão poderosa na escolha dos esposos. Então o matrimônio já não terá outra causa determinante além da inclinação recíproca.

Como o amor sexual é, por sua própria natureza, exclusivista – embora em nossos dias esse exclusivismo só se realize, em geral, com relação à mulher – o casamento baseado nesse amor será, por sua própria natureza, matrimônio monogâmico. Vimos como Bachofen tinha razão ao considerar o progresso do casamento por grupos para o casamento por pares como obra devida sobretudo às mulheres. Somente a passagem do casamento pré-monogâmico para a monogamia pode ser atribuída aos homens e, historicamente, ela consistiu essencialmente num rebaixamento da posição das mulheres e numa facilitação da infidelidade dos homens. Por isso, quando chegarem a desaparecer as considerações econômicas em virtude das quais as mulheres foram obrigadas a aceitar essa infidelidade habitual dos maridos – a preocupação pela própria subsistência e, mais ainda, pelo futuro dos filhos – a igualdade alcançada pela mulher, segundo mostra toda a experiência anterior, influirá muito mais no sentido de tornar os homens monógamos do que no sentido de as mulheres aderirem à poliandria.

Aquilo, porém, que decididamente vai desaparecer da monogamia são todos os caracteres que lhe foram impressos pelas relações de propriedade a que se deve sua origem. Esses caracteres são, em primeiro lugar, a supremacia do homem e, em segundo lugar, a indissolubilidade do matrimônio. A supremacia do homem no casamento é simples consequência de seu predomínio econômico e irá desaparecer por si mesma com esse último. A indissolubilidade do matrimônio é, em parte, consequência das condições econômicas que engendraram a monogamia e, em parte, uma tradição da época em que a vinculação dessas condições econômicas com a monogamia era ainda mal compreendida e foi exagerada pela religião. Atualmente, ela apresenta milhares de fissuras.

Se somente o casamento baseado no amor é moral, só pode ser moral o casamento em que o amor persiste. Mas a duração do acesso de amor sexual individual é muito diversa segundo os indivíduos, particularmente entre os homens. Em razão disso, quando o afeto desaparece ou é substituído por um novo amor apaixonado, a separação será um benefício tanto para ambas as partes como para a sociedade. Apenas se deverá tomar o cuidado de poupar o casal de ter que passar pelo lamaçal inútil de um processo de divórcio.

Assim, aquilo que hoje em dia podemos presumir acerca da regularização das relações sexuais após a iminente supressão da produção capitalista é sobretudo de ordem negativa e fica limitado quase somente ao que deve desaparecer. Mas o que é que haverá de novo? Isso se verá quando uma nova geração tiver crescido, uma geração de homens que nunca se tenha encontrado em situação de comprar a entrega de uma mulher por dinheiro ou por outros meios sociais representantes do poder e uma geração de mulheres que nunca tenha chegado à situação de se entregar a um homem em virtude de outras considerações que não sejam as de um amor real, nem de recusar entregar-se ao homem amado por medo das consequências econômicas. E quando essas gerações aparecerem, não darão a mínima importância a tudo que nós hoje pensamos que elas deveriam fazer. Estabelecerão suas próprias normas de conduta e, em consonância com elas, criarão uma opinião pública para julgar a conduta de cada um. Ponto final.

Voltemos, contudo, a Morgan, de quem nos afastamos consideravelmente. A pesquisa histórica das instituições sociais que se desenvolveram durante o período da civilização excede os limites de seu livro. Por isso, ele se ocupa muito pouco dos destinos da monogamia durante esse período. Também ele vê na evolução da família monogâmica um progresso, uma aproximação da plena igualdade de direitos entre os dois sexos, sem considerar, entretanto, que esse objetivo já tenha sido alcançado.

Mas ele diz: "Quando se aceitar o fato de que a família passou por quatro formas sucessivas e agora se encontra na quinta, surge logo a pergunta se essa forma pode ser permanente no futuro. A única resposta que pode ser dada é que a família terá de progredir na medida em que a sociedade progride que terá de mudar na medida em que a sociedade se modificar, exatamente como aconteceu no passado. A família é produto do sistema social e refletirá sua cultura. Como a família monogâmica se aperfeiçoou consideravelmente desde o começo da civilização e, de maneira realmente notável nos tempos modernos, é lícito pelo menos supor que seja capaz de continuar seu aperfeiçoamento até que a igualdade entre os dois sexos seja atingida. Se, num futuro distante, a família monogâmica não mais atender às exigências sociais, é impossível predizer a natureza da família que irá sucedê-la."

Capítulo III

A *Gens* Iroquesa

Chegamos agora a outra descoberta de Morgan que tem, no mínimo, a mesma importância que a reconstituição da forma primitiva da família por meio dos sistemas de parentesco. A demonstração de que os grupos de consanguíneos, designados por nomes de animais no seio de uma tribo de índios americanos, são essencialmente idênticos às *genea* dos gregos e às *gentes* dos romanos; de que a forma americana é a forma original da *gens*, sendo a greco-romana uma forma posterior, derivada; de que toda a organização social dos gregos e romanos dos tempos primitivos em *gens, fratria e tribo* encontra seu fiel paralelo na organização dos índios americanos; de que a *gens* (até o ponto que as fontes atuais nos permitem alcançar) é uma instituição comum a todos os bárbaros até sua entrada na civilização e mesmo depois dela. Essa demonstração esclareceu, de repente, as partes mais difíceis da antiga história grega e romana e, ao mesmo tempo, revelou os traços fundamentais da organização social da época primitiva, anterior à criação do Estado.

Por mais simples que isso possa parecer, depois de conhecido, só muito recentemente Morgan o descobriu. Em seu trabalho anterior, publicado em 1871, ele ainda não tinha conseguido desvendar esse segredo, cuja descoberta fez calar por algum tempo os historiadores ingleses da pré-história, anteriormente muito seguros de si.

A palavra latina *gens*, que Morgan emprega em geral para designar esse grupo de consanguíneos, provém, como a palavra grega de idêntico significado, *génos*, da raiz ariana comum *gan* (em alemão *kan*, onde, segundo a regra, o *g* ariano é substituído pelo *k*), que significa "engendrar". Da mesma forma, significam linhagem ou descendência as palavras *gens* em latim, *génos*, em grego, *dschanas* em sânscrito, *kuni* em gótico (segundo a regra acima indicada), *kyn* no antigo escandinavo e anglo-saxão, *kin* em inglês, *Kunne*, no médio-alto-alemão. No entanto, *gens* em latim e *génos* em grego são utilizadas especialmente para designar o agrupamento por linhagem que reclama uma descendência comum (no caso, de um antepassado comum) e que está ligado por certas instituições sociais e religiosas, formando uma comunidade particular, cuja origem e natureza permaneceram até agora, no entanto, obscuras para todos os nossos historiadores.

Já vimos anteriormente, ao falar da família punaluana, o que é a *gens* em sua forma primitiva. Ela é constituída por todas as pessoas que, pelo casamento punaluano, e de acordo com as concepções que nele necessariamente dominam, formam a descendência reconhecida de uma determinada antepassada, fundadora da *gens*. Sendo incerta a paternidade nessa forma de família, conta apenas a linhagem feminina. Como os irmãos não podem casar com as irmãs, mas só com mulheres de outra descendência, os filhos procriados por essas mulheres ficam fora da *gens*, por força do direito materno. Assim, permanecem no grupo apenas os descendentes das filhas de cada geração. Os descendentes dos filhos passam às *gens* de suas respectivas mães. Em que se transforma então esse grupo consanguíneo, logo após constituir-se como grupo a parte, em relação a grupos semelhantes no seio de uma mesma tribo?

Morgan considera como forma clássica dessa *gens* primitiva a dos iroqueses e, em especial, a da tribo dos senecas. Nessa tribo há oito *gens*, cada uma das quais é designada com o nome de um animal: 1. Lobo, 2. Urso, 3. Tartaruga, 4. Castor, 5. Cervo, 6.

Narceja, 7. Garça, 8. Falcão. Em todas as *gens* constatam-se os seguintes costumes:

1. Elege o *sachem* (dirigente em tempos de paz) e o comandante (chefe militar). O *sachem* deve ser escolhido dentro da própria *gens* e seu cargo é hereditário para, em caso de vacância, poder ser imediatamente ocupado. O chefe militar pode ser escolhido também fora da *gens* e, por vezes, seu posto pode permanecer vago. Nunca é eleito *sachem*, o filho do anterior, já que entre os iroqueses vigora o direito materno, segundo o qual o filho pertence a outra *gens*, mas são eleitos frequentemente o irmão do *sachem* anterior ou o filho de sua irmã. Na eleição, todos votam, homens e mulheres. Mas ela deve ser ratificada pelas outras sete *gens* e só depois é que o eleito é solenemente empossado pelo conselho comum de toda a federação iroquesa. Mais adiante será mostrado o significado disso. O poder do *sachem* no seio da *gens* é paternal, de natureza puramente moral, não dispondo de qualquer meio coercitivo. Além disso, em virtude de seu cargo, é membro do conselho da tribo dos senecas e do conselho da federação de todos os iroqueses. O chefe militar só mandava durante as expedições militares.

2. A *gens* pode depor, à sua vontade, o *sachem* e o chefe militar. Nisso participam igualmente todos os homens e todas as mulheres em conjunto. Os chefes depostos passam a ser, de imediato, simples guerreiros, pessoas privadas, como as demais. Além disso, também o conselho da tribo pode depor o *sachem*, mesmo contra a vontade da *gens*.

3. Nenhum membro de uma *gens* pode casar com alguém da mesma. Essa é a regra fundamental da *gens*, o vínculo que a mantém unida. Ela é a expressão negativa da consanguinidade muito positiva, em virtude da qual os indivíduos nela compreendidos realmente constituem uma *gens*. Com a descoberta deste simples fato, Morgan desvendou, pela primeira vez, a natureza da *gens*. Como esta tinha sido pouco compreendida até então, provam-no os relatos anteriormente feitos sobre os selvagens e os bárbaros, relatos em que os diferentes agrupamentos que formavam a organização gentílica eram por incompreensão e indiscriminadamente denominados tribo, clã, *thum*, etc., dizendo-se por vezes a seu respeito que no seio deles era proibido o casamento.

Desse modo se criou a irreparável confusão, no meio da qual McLennan pôde aparecer como um Napoleão e declarar de maneira autoritária que todas as tribos se dividem em tribos nas quais o casamento entre seus membros é proibido (exógamas) e tribos nas quais o casamento é permitido (endógamas). E depois de ter conduzido mal as coisas desde o início, mergulhou nas mais profundas investigações para descobrir qual das duas categorias fantásticas de sua invenção seria a mais antiga, a exogamia ou a endogamia. Esse absurdo desapareceu automaticamente com a descoberta da *gens* baseada no parentesco consanguíneo e da consequente impossibilidade de casamento de seus membros entre si. É evidente que, na fase em que encontramos os iroqueses, a proibição de casamento dentro da *gens* é observada de maneira inflexível.

4. Os bens dos que faleciam passavam aos demais membros da *gens*, esses bens tinham de permanecer na *gens*. Dado o montante reduzido do que um iroquês pudesse deixar, a herança era dividida entre os parentes gentílicos mais próximos, ou seja, entre seus irmãos e irmãs uterinos e o irmão da mãe, isso se o defunto era homem. Se fosse mulher, a divisão ocorreria entre seus filhos e irmãs uterinas, excluídos os irmãos da falecida. Precisamente por isso é que marido e mulher não podiam herdar um do outro, nem os filhos podiam herdar do pai.

5. Os membros da *gens* deviam-se mutuamente ajuda, proteção e sobretudo auxílio para vingar injúrias feitas por estranhos. Cada indivíduo confiava sua segurança à proteção da *gens* e podia fazê-lo. Quem o ofendesse, atingia toda a *gens*. Daí, dos laços de sangue na *gens*, surgiu a obrigatoriedade da vingança, reconhecida incondicionalmente pelos iroqueses. Se um estranho matava um dos membros da *gens*, todos os outros estavam obrigados a vingá-lo. Tentava-se, primeiro, uma mediação. A *gens* do assassino se reunia em conselho e fazia propostas de solução pacífica à *gens* da vítima, oferecendo, quase sempre, a expressão do seu pesar e alguns valiosos presentes. Se estes fossem aceitos, a questão estava encerrada. Caso contrário, a *gens* ofendida designava um ou mais vingadores que eram obrigados a perseguir e matar o assassino. Se isso realmente acontecia, a *gens* deste último não tinha qualquer direito a queixa e as contas estavam ajustadas.

6. A *gens* tem nomes característicos ou uma série de nomes que somente ela, em toda a tribo, tem o direito de usar, de maneira que o nome de um indivíduo indica imediatamente a *gens* a que ele pertence. Um nome gentílico implica sempre, portanto, direitos gentílicos.

7. A *gens* pode adotar estranhos e, desse modo, integrá-los no conjunto da tribo. Os prisioneiros de guerra que não fossem condenados à morte se tornavam, por meio da adoção numa das *gens*, membros da tribo dos senecas, entrando na posse de todos os direitos da *gens* e da tribo A adoção era feita por proposta individual de algum membro da *gens*, algum homem que tomava o estrangeiro por irmão ou irmã ou alguma mulher que o aceitava como filho. A admissão solene era necessária para a confirmação. Frequentemente, reforçavam-se *gens* reduzidas em número por causas excepcionais, adotando em massa membros de outra *gens*, com o consentimento dessa última. Entre os iroqueses, a admissão solene na *gens* tinha lugar numa sessão pública do conselho da tribo, o que tornava essa solenidade praticamente uma cerimônia religiosa.

8. Dificilmente se pode provar a existência entre as *gens* índias de solenidades religiosas especiais. Mas as cerimônias religiosas dos índios estão mais ou menos relacionadas com as *gens*. Nas seis festas anuais dos iroqueses, os sachens e os comandantes militares, em virtude de seus cargos, eram incluídos entre os "guardiães da fé" e exerciam funções sacerdotais.

9. A *gens* tem um lugar comum para sepultar seus mortos. O dos iroqueses do Estado de Nova York já desapareceu em meio ao cerco dos brancos, mas outrora existiu. Entre outros índios ainda existe, por exemplo, entre os tuscaroras, parentes próximos dos iroqueses. Mesmo quando cristãos, os tuscaroras têm no cemitério uma determinada fila de sepulturas para cada *gens*, de modo que a mãe fica enterrada com os filhos numa fila, mas o pai em outra. E também entre os iroqueses, toda a *gens* do morto vai ao enterro e se ocupa do túmulo, dos discursos fúnebres, etc.

10. A *gens* tem um conselho, a assembleia democrática de todos os membros adultos, homens e mulheres, todos com o mesmo direito de voto. Esse conselho elege e depõe o sachem e o chefe militar, bem como os demais "guardiães da fé". Decide também o preço da expiação (*Wergeld*) ou a vingança de sangue pelo assassinato de um membro da *gens* e adota os estranhos na *gens*. Em resumo, é o poder soberano da *gens*.

Tais são as atribuições de uma típica *gens* indígena."Todos os membros de uma *gens* iroquesa eram indivíduos livres e estavam obrigados a defender a liberdade dos outros. Tinham os mesmos privilégios e os mesmos direitos pessoais. Nem os *sachens* e os chefes militares reivindicavam qualquer espécie de superioridade. Formavam uma comunidade fraterna, unida pelos vínculos de parentesco. Liberdade, igualdade e fraternidade, apesar de nunca formulados, esses eram os princípios cardeais da *gens*. Essa era a unidade de todo um sistema social, a base da organização da sociedade indígena. Isso explica o indomável espírito de independência e dignidade pessoal que todos podem observar como uma característica específica dos índios" (Morgan, *Ancient Society*, Londres, 1877, p. 85-86).

Na época do descobrimento, os índios de toda a América do Norte estavam organizados em *gens*, de acordo com o direito materno. Só em algumas tribos, como entre os *dakotas*, a *gens* havia desaparecido e, em outras, como entre os *ojibwas* e os *omahas*, estava organizada de acordo com o direito paterno.

Em numerosíssimas tribos indígenas que compreendem mais de cinco ou seis *gens*, encontramos três, quatro ou mais *gens* reunidas num grupo especial que Morgan, traduzindo fielmente o termo indígena para seu equivalente grego, chama *fratria* (irmandade). Assim, os senecas têm duas *fratrias*. A primeira abrange as *gens* de 1 a 4 e a segunda, as *gens* de 5 a 8. Um estudo mais aprofundado mostra que essas *fratrias* representam quase sempre as *gens* primitivas em que a tribo se dividia no início, uma vez que, subsistindo a proibição de casamento no interior da *gens*, cada tribo devia necessariamente abranger pelo menos duas *gens* para ter uma existência independente. Na medida em que a tribo aumentava em número, cada *gens* tornava a se cindir em duas ou mais, passando então cada uma a aparecer como uma *gens* particular, enquanto a *gens* primitiva, que abrange todas as *gens-filhas*, continua existindo como *fratria*.

Entre os senecas e a maior parte dos outros índios, as *gens* de uma das *fratrias* são irmãs entre si, ao passo que as da outra são suas primas, nomes que, como vimos, têm no sistema de parentesco americano um significado muito real e muito expressivo. Originalmente, nenhum seneca podia casar no interior de sua *fratria*. Esse costume, no entanto, desapareceu rapidamente, ficando a proibição limitada à *gens*. Segundo uma tradição que prevalece entre os senecas, o "Urso" e o "Cervo" foram as duas *gens* primitivas, das quais surgiram, com o tempo, as demais. Uma vez sedimentada, essa nova organização foi se modificando de acordo com as necessidades. Assim, caso se extinguissem *gens* de uma *fratria*, seriam nelas incorporadas, às vezes, *gens* inteiras de outras *fratrias*. Por isso, encontramos em diferentes tribos *gens* do mesmo nome agrupadas em *fratrias* distintas.

Entre os iroqueses, as funções da *fratria* são em parte sociais, em parte religiosas:

1. No jogo da bola, a disputa se dá entre uma *fratria* contra a outra. Cada uma designa seus melhores jogadores e os demais índios, formando grupos por *fratrias*, assistem à partida e apostam na vitória dos seus.

2. No conselho da tribo, reúnem-se os *sachens* e os comandantes militares de cada *fratria*, sentando um grupo frente a outro. Cada orador se dirige aos representantes de cada *fratria* como se fosse uma corporação distinta.

3. Se na tribo ocorresse um homicídio, em que assassino e vítima não pertencessem à mesma *fratria*, a *gens* ofendida apelava frequentemente a suas *gens* irmãs que reuniam um conselho de *fratria* e se dirigiam à outra *fratria* como corporação, para que essa convocasse igualmente um conselho para resolver a questão. Nesse caso, a *fratria* aparece de novo como a *gens* primitiva e com muito mais probabilidades de êxito que a *gens* sozinha, sua filha, mais fraca.

4. No caso de falecimento de pessoa importante, a outra *fratria* ficava encarregada de organizar e dirigir o funeral, para que a *fratria* do defunto dele participasse como conjunto de parentes que o choravam. Se morria um *sachem*, era a outra *fratria* que anunciava a vacância do cargo no conselho federal dos iroqueses.

5. O conselho da *fratria* intervinha igualmente quando se elegia um *sachem*. A ratificação do eleito pelas *gens* irmãs era usualmente considerada quase segura, mas as *gens* da outra *fratria* podiam opor-se à eleição. Nesse caso, reunia-se o conselho dessa *fratria* e, se a oposição fosse mantida, a eleição era declarada nula.

6. Os iroqueses tinham antigamente mistérios religiosos particulares que os brancos designavam de "medicine lodges". Esses mistérios eram celebrados entre os senecas por duas associações religiosas, correspondendo a cada das duas *fratrias*, com um ritual especial para a iniciação de novos membros.

7. Se, como é quase certo, as quatro linhagens que habitavam os quatro bairros de Tlaxcala, na época da conquista, eram quatro *fratrias*, isso prova que as *fratrias* constituíam também unidades militares, como acontecia entre os gregos e em outros agrupamentos por linhagem semelhantes entre os germânicos. Cada uma dessas quatro linhagens marchava para a guerra como exército independente, com seu uniforme e sua bandeira própria, sob comando de um chefe próprio.

Assim como várias *gens* formam uma *fratria*, assim também, na forma clássica, várias *fratrias* constituem uma tribo. Em vários casos, nas tribos muito enfraquecidas, falta o elo intermediário, a *fratria*. O que é que caracteriza então uma tribo indígena da América?

1. Um território próprio e um nome próprio. Além do local de sua instalação efetiva, cada tribo possuía ainda um território considerável para a caça e a pesca. Além deste, havia uma ampla faixa de terra neutra que chegava até ó território da tribo mais próxima, faixa mais estreita entre as tribos de mesma língua e mais larga, entre as que não possuíam o mesmo idioma. Esta faixa vinha a ser o mesmo que o bosque que estabelecia limites entre os germânicos, o deserto que os suevos de César criavam ao redor de seu território, o *isarnholt* (*jarnved*, em dinamarquês; *limes Danicus*) entre dinamarqueses e alemães, o *Sachsenwald* e o *branibor* (eslavo: bosque de proteção), de onde provém o nome Brandemburgo, entre alemães e eslavos. Esse território, delimitado por fronteiras tão incertas, era terra comum da tribo reconhecida como tal pelas tribos vizinhas e que ela mesma defendia contra os invasores. Na maioria dos casos, a imprecisão das fronteiras só trouxe inconvenientes na prática quando a população cresceu de modo considerável.

Os nomes das tribos, em sua maioria, parecem ter surgido ao acaso e não por meio de uma escolha intencional. Com o tempo, aconteceu frequentemente que uma tribo fosse conhecida entre suas vizinhas por um nome diferente daquele que ela mesma usava, como ocorreu com os alemães, aos quais os celtas chamavam de germânicos, tornando-se este seu primeiro nome histórico coletivo.

2. Um dialeto particular, peculiar apenas dessa tribo. De fato, a tribo e o dialeto são substancialmente uma coisa só. A formação de novas tribos e novos dialetos, em consequência de uma cisão, acontecia ainda até há pouco na América e não deve ter cessado por completo. Onde duas tribos enfraquecidas se fundem numa só, ocorre excepcionalmente que, na mesma tribo, sejam falados dois dialetos muito próximos. As tribos americanas têm em média menos de 2.000 pessoas. Os *cherokees*, no entanto, contam aproximadamente 26.000, constituindo-se no maior grupo de índios que nos Estados Unidos falam o mesmo dialeto.

3. O direito de dar posse solene aos *sachens* e aos chefes militares eleitos pelas *gens*.

4. O direito de depô-los, mesmo contra a vontade de suas respectivas *gens*. Como os *sachens* e os chefes militares são membros do conselho tribal, esses direitos da tribo, esses direitos da tribo em relação a eles explicam-se por si próprios Onde se houvesse formado uma federação de tribos e onde o conjunto dessas fosse representado por um conselho da federação, esses direitos passavam ao conselho.

5. Concepções religiosas (mitologia) e ritos comuns. "Os índios americanos eram, a seu modo bárbaro, um povo religioso" (Morgan, *op. cit.*, p. 115). Sua mitologia ainda não foi estudada de modo crítico. Já personificavam suas ideias religiosas – espíritos de toda espécie – mas a fase inferior da barbárie em que encontravam desconhece ainda as representações plásticas, os chamados ídolos. Há entre eles um culto da natureza e dos elementos que tende para o politeísmo. As diferentes tribos tinham suas festividades regulares, com determinadas formas de culto, principalmente danças e jogos. A dança, principalmente, era parte essencial de todas as solenidades religiosas. Cada tribo celebrava separadamente suas próprias festas.

6. Um conselho de tribo para assuntos comuns. Era composto pelo conjunto dos *sachens* e dos chefes militares de todas as *gens*, seus legítimos representantes, porquanto podiam sempre ser depostos e substituídos. O conselho deliberava em público, diante dos demais membros da tribo que tinham o direito de intervir e expressar sua opinião. O conselho é que decidia. Como regra geral, o conselho ouvia todo assistente que desejasse falar. Também as mulheres opinavam, por intermédio de um orador escolhido por elas. Entre os iroqueses a decisão final devia ser tomada por unanimidade, tal como acontecia também para certas decisões nas comunidades das marcas alemãs.

Ao conselho da tribo cabia especialmente regulamentar as relações com outras tribos. Recebia e enviava delegações, declarava a guerra e concluía a paz. Declarada a guerra, ela era sustentada principalmente por voluntários. Em princípio, cada tribo se considerava em estado de guerra com qualquer outra tribo com a qual não tivesse firmado expressamente um tratado de paz. As expedições contra esses inimigos eram organizadas, em sua maioria, por alguns destacados guerreiros. Estes executavam uma dança de guerra e quem os acompanhasse na dança manifestava, desse modo, seu desejo de participar da expedição. O destacamento era formado de imediato e se punha em marcha. De igual modo, a defesa do território da tribo, quando atacado, era feita na maioria das vezes por voluntários. A partida e o regresso desses grupos de guerreiros davam sempre lugar a festas públicas. Para essas expedições não era necessária a aprovação do conselho da tribo, aprovação que não era nem pedida nem concedida. Essas expedições bélicas eram exatamente como as expedições privadas das companhias germânicas, descritas por Tácito, com a única diferença de terem os grupos de guerreiros entre os germânicos um caráter mais permanente, constituindo um sólido núcleo já organizado em tempo de paz e, em torno do qual, em caso de guerra, se agrupam os voluntários. Raramente os destacamentos desse tipo eram muito numerosos. Mesmo as expedições indígenas mais importantes e de maiores distâncias eram realizadas com forças relativamente insignificantes. Quando se juntavam vários desses destacamentos para uma grande empresa, cada um deles obedecia a seu próprio chefe. A unidade do plano de campanha era assegurada, bem ou mal, por um conselho desses chefes. Assim é que faziam a guerra os alamanos do alto Reno no século IV, de acordo com a descrição de Amiano Marcelino.

7. Em algumas tribos, encontramos um chefe supremo (*Oberhäuptling*), cujas atribuições são, no entanto, muito restritas. É um dos *sachens* que, em casos que exigem ação rápida, deve tomar medidas provisórias até que se possa reunir o conselho e deliberar em caráter definitivo. É um tênue embrião de poder executivo, semente que não frutificou na evolução ulterior. Como se verá, esse poder se desenvolveu antes, na maioria dos casos senão em todos, a partir do chefe militar supremo (*oberster Heerfuhrer*).

A grande maioria dos índios americanos não foi além da união em tribos. Em tribos pouco numerosas, separadas umas das outras por vastas faixas de terra fronteiriças e debilitadas por contínuas guerras. Ocupavam imensos territórios com poucos habitantes. Aqui e ali se formavam alianças entre tribos consanguíneas, em função de necessidades momentâneas que, com elas, desapareciam também as alianças. Em algumas regiões, no entanto, tribos aparentadas na origem e depois divididas coligaram-se em federações permanentes, dando assim o primeiro passo para a formação de nações.

Nos Estados Unidos, a forma mais desenvolvida de uma federação dessa natureza é encontrada entre os iroqueses. Abandonando suas antigas terras do oeste do Mississipi, onde provavelmente constituíam um ramo da grande família dos *dakotas*, estabeleceram-se, após longa peregrinação, no atual Estado de Nova York, divididos em cinco tribos: *senecas, cayugas, onondagas, oneidas* e *mohawks*. Viviam da pesca, da caça e de uma horticultura rudimentar. Moravam em aldeias, na maior parte fortificadas com paliçadas. Nunca contaram mais de 20.000 membros e tinham o mesmo número de *gens* em cada tribo. Falavam dialetos muito parecidos de uma mesma língua e ocupavam um território contínuo, repartido entre as cinco tribos. Sendo esse território de conquista recente, era de todo natural a união habitual dessas tribos na ação contra aquelas que tinham sido deslocadas. Nos primeiros anos do século quinze, no máximo, essa união se converteu em "federação permanente", numa confederação que, sentindo sua nova força, não tardou em assumir um caráter agressivo. E no apogeu de seu poder, em torno de 1675, havia conquistado vastas regiões adjacentes, cujos habitantes em parte expulsou e, em parte, transformou-os em tributários. A confederação iroquesa representa a organização social mais desenvolvida, já alcançada pelos índios antes de superar a rase inferior da barbárie, excetuando-se os mexicanos, os habitantes do Novo México e os peruanos.

As características principais da confederação eram as seguintes:

1. Aliança perpétua entre as cinco tribos consanguíneas, baseada na plena igualdade e na autonomia de cada uma delas com relação às questões internas. Essa consanguinidade constituía o verdadeiro fundamento da confederação. Das cinco tribos, três levavam o nome de tribos-mães e eram irmãs entre si, como o eram igualmente as outras duas, que se chamavam tribos-filhas. Três *gens*, as mais antigas, tinham ainda representantes vivos em todas as cinco tribos, ao passo que outras três *gens* tinham representantes em três tribos. Os membros de cada uma dessas *gens* eram irmãos entre si em todas as cinco tribos. A língua comum, apenas com diferenças dialetais, era expressão e prova da descendência comum.

2. O órgão da confederação era um conselho federal de cinquenta *sachens*, todos iguais em dignidade e autoridade. Esse conselho decidia, em última instância, todos os assuntos relativos à federação.

3. Quando a federação foi constituída, esses cinquenta *sachens* foram distribuídos entre as tribos e as *gens*, como portadores de novos cargos, expressamente criados para as necessidades da confederação. Em caso de vacância de um desses cargos, a *gens* correspondente elegia um substituto que também podia ser deposto a qualquer momento. Mas o direito de empossá-lo pertencia ao conselho federal.

4. Esses *sachens* federais eram também *sachens* em suas respectivas tribos e tinham voz e voto no conselho da tribo.

5. Todas as decisões do conselho federal tinham de ser tomadas por unanimidade.

6. A votação era realizada por tribo, de modo que todas as tribos e todos os membros do conselho de cada tribo tinham de estar de acordo para que se pudesse tomar uma decisão válida.

7. Cada um dos cinco conselhos de tribo podia convocar o conselho federal, mas este não podia convocar-se a si mesmo.

8. As sessões eram realizadas diante do povo reunido. Todos os iroqueses podiam tomar a palavra, mas só o conselho tomava as decisões.

9. A confederação não tinha oficialmente um cabeça, não tinha um chefe com poder executivo.

10. Em contrapartida, tinha dois comandantes militares supremos, com iguais atribuições e poderes (os dois "reis" de Esparta, os dois cônsules de Roma).

Essa era toda a constituição social sob a qual viveram e vivem ainda os iroqueses há mais de quatrocentos anos.

Fiz a descrição pormenorizada dela, seguindo Morgan, em virtude de podermos estudar aqui a organização de uma sociedade que não conhecia ainda o Estado. O Estado pressupõe um poder público especial, distinto do conjunto dos cidadãos que o compõem. Maurer reconhece com intuição exata, na constituição das marcas alemãs, uma instituição puramente social, essencialmente diferente do Estado, ainda que mais tarde lhe tenha servido de base, em grande parte. Em todos os seus escritos, Maurer pesquisa o gradual desenvolvimento do poder público, não só a partir das constituições primitivas das marcas, aldeias, feudos e cidades, como também paralelamente a elas.

Os índios norte-americanos mostram como uma tribo originalmente unida se difunde pouco a pouco por um continente imenso. Como, ao cindir-se, as tribos se convertem em povos, em grupos inteiros de tribos. Como se modificam as línguas, não só até chegarem a ser incompreensíveis entre si, mas também até o desaparecimento de qualquer vestígio da primitiva unidade. Como as próprias *gens* se fragmentam no interior das tribos e como as *gens*-mães persistem sob forma de *fratria*. E como os nomes dessas tribos mais antigas se mantêm nas tribos mais distantes e há mais tempo separadas – Lobo e Urso ainda hoje são nomes gentílicos na maioria das tribos indígenas. De modo geral, a constituição acima descrita corresponde a todas as tribos, excetuando-se as muitas que não chegaram a constituir uma confederação de tribos aparentadas.

Vemos também como, uma vez dada a *gens* como unidade social, toda a constituição de *gens, fratrias* e tribo, desenvolve-se a partir dessa unidade com necessidade quase obrigatória, porque é natural. As três são grupos de diferentes gradações de consanguinidade, cada um completo em si, tratando de seus próprios assuntos, mas servindo também de complemento para os demais. O círculo dos assuntos compreendidos na esfera das três gradações abrange a totalidade dos assuntos públicos de todos os bárbaros da fase inferior. Sempre, portanto, que num povo encontrarmos a *gens* como unidade social, deveremos igualmente encontrar uma organização tribal semelhante à descrita acima. E onde houver fontes de informação suficientes, como entre gregos e romanos, não apenas a encontraremos, mas também nos convenceremos de que, em todas as partes onde essas fontes são deficientes, a comparação com a constituição social americana nos ajuda a esclarecer as maiores dúvidas e a desvendar os maiores enigmas. Admirável essa constituição da *gens*, com toda a sua ingenuidade e simplicidade! Sem soldados, policiais, nobreza, rei, governadores, prefeitos ou juízes, sem prisões, sem processos, tudo caminha com regularidade.

Todas as disputas, todos os conflitos são dirimidos pela comunidade a que diz respeito, pela *gens* ou pela tribo, ou ainda pelas *gens* entre si. Só em caso extremo e muito raramente, aparece a vingança de sangue, da qual nossa pena de morte é apenas uma forma civilizada, com as vantagens e as desvantagens da civilização. Apesar de haver muito mais questões em comum do que no presente – a economia doméstica é feita em comum a uma série de famílias e é comunista, a terra é propriedade da tribo e só pequenas hortas são provisoriamente atribuídas às economias domésticas – ainda assim, não é necessário sequer uma parte mínima de nosso vasto e complicado aparato administrativo. São os próprios interessados que resolvem as questões e, na maioria dos casos, costumes seculares já têm tudo regulamentado.

Não pode haver pobres nem necessitados. A economia doméstica é comunista e a *gens* têm consciência de suas obrigações para com os anciãos, os enfermos e os inválidos de guerra. Todos são iguais e livres, inclusive as mulheres. Ainda não há lugar para escravos e, como regra geral, não se subjugam tribos estrangeiras. Quando os iroqueses venceram, em 1651, os eriés e as "nações neutras", propuseram-lhes que entrassem na confederação com igualdade de direitos. Só depois que os vencidos recusaram a proposta, é que foram expulsos de seu território. Que homens e que mulheres produziu semelhante sociedade é o que podemos ver na admiração de todos os brancos que lidaram com índios não degenerados, diante da dignidade pessoal, da retidão, da força de caráter e da bravura desses bárbaros.

Recentemente, tivemos exemplos dessa intrepidez na África. Os cafres da Zululândia, há alguns anos, e os núbios, há poucos meses (duas tribos entre as quais ainda não se extinguiram as instituições gentílicas), fizeram o que não faria qualquer exército europeu. Armados apenas com lanças e dardos, sem armas de fogo e sob a chuva de balas dos fuzis de repetição da infantaria inglesa (reconhecida como a primeira do mundo no combate em formação cerrada), avançaram em cima de suas baionetas, semearam mais de uma vez o pânico entre os soldados e os derrotaram, apesar da colossal desproporção das armas e de não terem, os nativos, nada de semelhante ao serviço militar e não saberem o que são exercícios militares. De sua capacidade e de sua resistência física, melhor dizem as queixas dos ingleses de que um cafre, em vinte e quatro horas, cobre maior distância e com maior rapidez do que um cavalo. Um pintor inglês dizia que, deles, até o menor músculo se sobressai, duro e fortalecido como fibra de chicote.

Esse era o aspecto dos homens e da sociedade humana, antes que se operasse a divisão em classes sociais. E, se compararmos a situação deles com a da imensa maioria dos homens civilizados de hoje, veremos que é enorme a diferença de condição entre o antigo e livre membro da *gens* e o proletário ou o camponês de nossos dias.

Esse é um dos lados da questão. Não esqueçamos, porém, que essa organização estava fadada a desaparecer. Não ultrapassou o nível da tribo. A federação de tribos já indica o início de seu declínio, como veremos e como mostraram as tentativas feitas pelos iroqueses de subjugar outras tribos. O que estava fora da tribo, estava fora do direito. Onde não havia tratado expresso de paz, reinava a guerra entre as tribos e era feita com aquela crueldade que distingue o ser humano do resto dos animais e que só mais tarde se atenuou pelo interesse.

Em seu apogeu, o regime da *gens*, como vimos na América, pressupunha uma produção extremamente rudimentar, com uma população de baixíssima densidade e esparsa num vasto território. Uma sujeição quase completa, portanto, do homem à natureza exterior que lhe aparecia como incompreensível e alheia, o que se reflete na puerilidade de suas ideias religiosas.

A tribo era a fronteira do homem, tanto para os estranhos à tribo como para si mesmo. A tribo, a *gens* e suas instituições eram sagradas e invioláveis, constituíam um poder superior concedido pela natureza, ao qual todo indivíduo ficava submetido sem reservas em seus sentimentos, pensamentos e ações.

Por mais imponentes que nos pareçam, os homens de então mal se distinguiam uns dos outros. Estavam, como diz Marx, presos ainda ao cordão umbilical da comunidade primitiva. O poder dessas comunidades primitivas tinha de ser destruído, como de fato o foi. Mas foi destruído, contudo, por influências que desde o início nos aparecem como uma degradação, como uma queda da singela grandeza moral da velha sociedade gentílica.

São os interesses mais baixos – a vil cobiça, a brutal avidez de prazeres, a sórdida avareza, o roubo egoísta da propriedade comum – que inauguram a nova sociedade civilizada, a sociedade de classes. São os meios mais ignominiosos – roubo, violência, perfídia, traição – que minaram e levaram à derrocada a velha sociedade sem as classes das *gens*. E a nova sociedade, no decorrer desses dois mil e quinhentos anos de sua existência, nunca foi ela própria outra coisa senão o desenvolvimento de uma pequena minoria às custas de uma grande maioria explorada e oprimida. E continua a sê-lo hoje, mais do que nunca.

CAPÍTULO IV

A *Gens* Grega

Nos tempos pré-históricos já os gregos, como os pelasgos e outros povos de tribos aparentadas, estavam constituídos em séries orgânicas idênticas à dos índios americanos: *gens, fratria*, tribo, confederação de tribos. Poderia faltar a *fratria*, como entre os dóricos. A federação de tribos não subsistia ainda em todos os lugares, mas em todos os casos a unidade era a *gens*.

Na época em que os gregos entram na história, estavam no limiar da civilização. Entre eles e as tribos americanas de que falamos são compreendidos quase dois grandes períodos de desenvolvimento, dois períodos que os gregos da época dos heróis levam de vantagem sobre os iroqueses. Por isso, a *gens* dos gregos já não é, de modo algum, a *gens* arcaica dos iroqueses e os vestígios do casamento por grupos começa a se diluir significativamente. O direito materno cedeu lugar ao direito paterno e, desse modo, a riqueza privada que surgia abriu a primeira brecha na organização gentílica. Uma segunda brecha veio como consequência natural da primeira: ao ser introduzido o direito paterno, os bens de uma rica herdeira que se casa passam ao marido dela, quer dizer, a outra *gens*, com o que se destrói todo o fundamento do direito gentílico. Dessa forma, não apenas se permitiu, como, nesse caso, obrigou-se a jovem a se casar no interior da *gens*, para que esta mantivesse os bens.

Segundo a *História da Grécia* de George Grote (*A History of Greece*, Londres, 1869), a *gens* ateniense, em especial, mantinha-se por meio de:

1. Solenidades religiosas comuns e direito exclusivo de sacerdócio em honra de um deus determinado, suposto fundador da *gens*, que, nessa qualidade, era designado por um sobrenome especial.

2. Um lugar comum para sepultar os mortos (vide *Eubúlides* de Demóstenes).

3. Direito recíproco de herança.

4. Obrigação recíproca de ajuda, proteção e apoio contra a violência.

5. Direito e dever recíprocos de casar, em certos casos, dentro da *gens*, especialmente quando se tratava de órfãs e herdeiras.

6. Posse, pelo menos em certos casos, de uma propriedade comum, com um arconte (magistrado) e tesoureiro próprio.

A *fratria* agrupava várias *gens*, mas menos estreitamente. Também nela, contudo, encontramos direitos e deveres recíprocos de tipo semelhante, especialmente a comunidade de certos ritos religiosos e o direito de perseguir o homicida no caso de assassinato de um membro da *fratria*. O conjunto das *fratrias* de uma tribo tinha, por sua vez, festividades sacras comuns que se repetiam periodicamente, sob a presidência de um *phylobasiléus* (chefe de tribo) eleito entre os nobres (eupátridas).

Foi o que Grote escreveu. Marx acrescentou: "Mas por trás da *gens* grega espreita também, inegavelmente, o selvagem (por exemplo, o iroquês)." Ele se torna ainda mais inconfundível, tão logo investigamos um pouco mais.

Pode-se ainda conferir os seguintes atributos à *gens* grega:

7. Descendência segundo o direito paterno.

8. Proibição de casamento dentro da *gens*, excetuando-se o caso das herdeiras. Essa exceção, tornada um preceito, prova a validade da antiga norma. Esta resulta igualmente do princípio geralmente adotado de que a mulher, por seu casamento, renunciava aos ritos religiosos de sua *gens* e passava a seguir aqueles da *gens* de seu marido, em cuja *fratria* também era inscrita. De acordo com isso e segundo uma famosa passagem de Dicearco, o casamento fora da *gens* era norma. Wilhelm Becker, em seu *Charikles* (Leipzig, 1840), afirma que ninguém tinha o direito de casar dentro de sua própria *gens*.

9. Direito de adoção na *gens* que se processava por meio da adoção pela família, mas com formalidades públicas e só em casos excepcionais.

10. Direito de eleger e depor os chefes. Sabemos que cada *gens* tinha seu arconte, mas em parte alguma consta que esse cargo fosse hereditário em determinadas famílias. Até o fim da barbárie, nada leva a supor uma estrita hereditariedade com relação aos cargos, o que seria totalmente incompatível com as condições de absoluta igualdade de direitos entre ricos e pobres no interior da *gens*.

Não somente Grote, mas também Niebuhr, Mommsen e todos os demais historiadores que estudaram a Antiguidade Clássica falharam na colocação do problema da *gens*. Por mais corretas que sejam as descrições que fazem de muitas de suas características, sempre viram nela um grupo de famílias e por isso não puderam compreender a natureza e a origem da *gens*. Na organização da *gens,* a família nunca foi uma unidade da organização, nem podia sê-lo, pois o marido e a mulher pertenciam necessariamente a duas *gens* diferentes. A *gens*, como um todo, integrava-se à *fratria* e esta à tribo, mas a família se diluía, pertencendo em parte à *gens* do marido e em parte à *gens* da mulher. Também o Estado não reconhece a família no direito público. Até hoje, ela só existe no direito privado. E, no entanto, toda nossa historiografia, até o presente, parte da suposição absurda – e que no século XVIII sobretudo, chegou a ser inabalável – de que a família monogâmica, pouco mais antiga que a civilização, seria o núcleo em torno do qual a sociedade e o Estado pouco a pouco se cristalizaram.

Marx acrescenta ainda: "Há que fazer notar ao senhor Grote que, embora os gregos façam derivar suas *gens* da mitologia, nem por isso essas *gens* deixam de ser mais antigas que a mitologia com deuses e semideuses criados por elas mesmas."

Morgan cita de preferência Grote por ser este uma testemunha eminente e de todo insuspeita. Grote relata ainda que cada *gens* ateniense tinha um nome derivado de seu suposto ancestral, que, antes de Sólon, como regra geral, e depois, no caso de morte sem testamento, os membros da *gens* (*gennêtes*) do falecido herdavam seus bens e que, em caso de homicídio, o direito e o dever de perseguir o assassino perante os tribunais cabia primeiro aos parentes mais próximos, depois aos demais membros da *gens* e, por último, aos membros da *fratria* da vítima: "Tudo o que sabemos a respeito das mais antigas leis atenienses está baseado na divisão em *gens* e *fratrias*."

A descendência das *gens* de antepassados comuns tem dado muita dor de cabeça aos "sábios filisteus", de que fala Marx. Como pretendem, naturalmente, que esses antepassados sejam puro mito e que, assim, não consigam simplesmente explicar o surgimento de uma *gens* a partir de famílias distintas que viviam umas ao lado das outras, sem sequer consanguinidade original, mas são obrigados a fazê-lo, pelo menos para explicar a existência da *gens*. Para tanto, recorrem a um dilúvio de palavras, girando em círculo e não vão além dessa proposição: a genealogia é, na verdade, um mito, mas a *gens* é uma realidade.

Por fim, Grote diz o seguinte (comentários entre parênteses de Marx): "Só raramente ouvimos falar dessa genealogia porque só é trazida a público em situações de especial solenidade. Mas as *gens* mais humildes tinham seus ritos comuns próprios (mas que estranho, senhor Grote!), antepassado sobrenatural e genealogia comuns, tal como as mais importantes (mas realmente estranho, senhor Grote, isso acontecer em *gens* mais humildes!); o plano fundamental e a base ideal (não ideal, caro senhor, mas carnal, *germanice fleischlich*! – em alemão, *fleischlich*) eram iguais para todas elas."

Marx resume da forma seguinte a resposta de Morgan a essa argumentação: "O sistema de consanguinidade que corresponde à *gens* em sua forma primitiva – e os gregos a tiveram como os outros mortais – conservava o conhecimento sobre o parentesco de todos os membros da *gens* entre si. Aprendiam estão na prática, desde a mais tenra infância, em virtude da suma importância que isso tinha para eles. Com a família monogâmica, isso caiu no esquecimento. O nome da *gens* criou uma genealogia junto da qual a da família monogâmica parecia insignificante. Esse nome comprovava a ascendência comum daqueles que o usavam, mas a genealogia da *gens* remontava a tempos tão distantes que seus membros já não podiam comprovar seu real parentesco recíproco, exceto num limitado número de casos em que os ascendentes comuns eram mais recentes. O próprio nome era prova irrefutável de ascendência comum, exceto nos casos de adoção. A negação atual da consanguinidade entre os membros da *gens*, por outro lado, tal como é feita por Grote e Niebuhr, que transformaram a *gens* em uma criação puramente fictícia e poética, é digna de sábios idealistas e que se alimentam da cultura livresca das traças. Como o encadeamento das gerações, sobretudo com o surgimento da monogamia, remonta a remotíssimos tempos e como a realidade passada aparece refletida nas imagens fantásticas da mitologia, os velhos e bravos filisteus concluíram, e concluem ainda, que uma genealogia imaginária criou *gens* reais!"

A *fratria*, como entre os americanos, era uma *gens-mãe*, dividida em várias *gens-filhas*, às quais servia de laço de união. Frequentemente, a *fratria* comprovava ainda a descendência de todas elas de um ancestral comum. Assim, segundo Grote, "todos os membros contemporâneos da *fratria* de Hecateu tinham por antepassado em décimo-sexto grau um deus comum." Portanto, todas as *gens* daquela *fratria* eram literalmente *gens-irmãs*.

Em Homero, a *fratria* ainda aparece como unidade militar, na célebre passagem em que Nestor dá esse conselho a Agamenon: "Organiza os homens por tribos e por *fratrias*, para que a *fratria* preste auxílio à *fratria* e a tribo à tribo."

Além disso, a *fratria* tinha o direito e o dever de perseguir para vingar o homicida de um de seus membros, o que indica que, em tempos anteriores, havia subsistido o direito de vingar o sangue. Mais ainda, tinha templos e festas comuns, pois que o desenvolvimento de toda a mitologia grega, a partir do antigo culto ária da natureza foi essencialmente condicionado pelas *gens* e pelas *fratrias* e se produziu no interior delas. A *fratria* tinha ainda um chefe (*phratriárchos*) e, segundo de Coulanges, assembleias cujas decisões tinham força de lei, um tribunal e uma administração. Mesmo o Estado de um período posterior, que ignorava a *gens*, deixou às *fratrias* certas funções públicas.

A reunião de várias *fratrias* aparentadas constitui a tribo. Na Ática, havia quatro tribos, cada uma de três *fratrias* constituídas por sua vez de trinta *gens* cada uma. Essa divisão meticulosa dos grupos pressupõe uma intervenção consciente e planejada na ordem que surgiu de modo espontâneo. Como, quando e porque isso sucedeu nada nos é dito na história grega e os próprios gregos só conservam lembranças que não vão além da época dos heróis.

Entre os gregos, aglomerados num território relativamente pequeno, as diferenças de dialeto eram menos desenvolvidas do que entre os índios americanos que habitavam vastas florestas. Também aqui, contudo, apenas tribos da mesma língua-mãe aparecem reunidas, formando grupos maiores, e até na pequena Ática encontra-se um dialeto que, mais tarde, chegou a ser língua predominante em toda a prosa grega.

Nos poemas de Homero, encontramos já a maior parte das tribos gregas formando pequenos povos, no interior dos quais as *gens* conservavam ainda completa autonomia, o mesmo ocorrendo com as *fratrias* e as tribos. Esses povos já viviam em cidades providas de muralhas. A população aumentava paralelamente com os rebanhos, com o desenvolvimento da agricultura e com o surgimento das artes manuais. Desse modo e ao mesmo tempo, cresciam as diferenças de riqueza e, com estas, o elemento aristocrático dentro da velha e primitiva democracia que havia surgido naturalmente. Cada um desse pequenos povos fazia guerras incessantes pela posse das melhores terras e, naturalmente, também com o objetivo do saque, pois a escravização de prisioneiros de guerra já era uma instituição reconhecida.

A constituição dessas tribos e desses pequenos povos era então a seguinte:

1. A autoridade permanente era o conselho (*boulê*), primitivamente formado, por certo, pelos chefes das *gens* e, mais tarde, quando o número destas se tornou demasiado grande, formado por um grupo de indivíduos selecionados, o que deu ocasião a que se desenvolvesse e reforçasse o elemento aristocrático. Dionísio de Halicarnasso (*Antiguidades Romanas*, II, 12) diz que o conselho da época dos heróis era constituído por aristocratas (*krátistoi*). O conselho tomava a decisão final sobre assuntos importantes. Assim é que, em Ésquilo, o conselho de Tebas toma a decisão de enterrar Etéocles com grandes honrarias e de atirar o cadáver de Polínice aos cães. Com a instituição do Estado, posteriormente, esse conselho se converteu em Senado.

2. A assembleia do povo (*ágora*). Entre os iroqueses, encontramos o povo, homens e mulheres, rodeando o conselho reunido em assembleia e toma a palavra de maneira ordenada, influindo dessa maneira nas decisões do mesmo. Entre os gregos homéricos, essa "circunstância" (para empregar um termo jurídico do antigo alemão: *Umstand*) já se havia instituído numa verdadeira assembleia geral popular, exatamente como ocorria entre os germânicos dos tempos primitivos. Essa assembleia era convocada pelo conselho para a decisão de assuntos importantes. Nela, todos tinham o direito de fazer uso da palavra. A decisão se tomava pela contagem das mãos levantadas (Ésquilo, em *As Suplicantes*), ou por aclamação. A assembleia era soberana e decidia como instância derradeira, pois, como disse Schömann (*op cit.*, p. 27), "quando se discute qualquer assunto que requer a colaboração do povo para ser posta em prática, jamais Homero nos indica qualquer meio pelo qual o povo pudesse ser constrangido a decidir contra sua vontade". Naquela época, em que todo membro masculino adulto da tribo era guerreiro, não havia ainda nenhuma força pública separada do povo e que lhe pudesse ser contraposta. A democracia primitiva se encontrava ainda em pleno florescimento e isso deve ser conservado como ponto de partida e deve até servir de base para se avaliar o poder e a situação tanto do conselho como do *basiléus*.

3. O comandante do exército (*basiléus*). A respeito, Marx tece o seguinte comentário: "Os sábios europeus, em sua maioria criados natos de príncipes, fazem do *basiléus* um monarca no sentido moderno da palavra. O republicano ianque Morgan protesta contra isso. Acerca do untuoso Gladstone e de sua obra *Juventus Mundi*, diz com muita ironia e com verdade: "O sr. Gladstone que apresenta a seus leitores os chefes gregos dos tempos dos heróis como reis e príncipes, com as qualidades adicionais de *gentlemen*, é forçado a admitir que, em geral, parece estabelecido entre eles o direito de primogenitura, de modo suficiente mas não nitidamente comprovado". Certamente é de se supor que também para o próprio senhor Gladstone um direito de primogenitura não é só insuficiente, mas, mesmo nitidamente estabelecido, não tem valor algum.

Já vimos qual era a situação entre os iroqueses e os demais índios, com relação à herança de cargos. Todos os cargos eram eletivos, a maior parte dentro de uma só *gens* e, nessa medida, objeto de herança dentro desta. Em caso de vacância, teve gradualmente preferência o parente gentílico mais próximo, o irmão ou o filho da irmã do ex-ocupante, desde que não pesassem motivos para excluí-los. Assim, se entre os gregos, sob o direito paterno, o cargo de *basiléus* costumava passar ao filho ou a um dos filhos, isso demonstra simplesmente que os filhos tinham ali a probabilidade de sucessão legal por eleição popular, mas não prova absolutamente que as funções eram herdadas sem eleição do povo. O que vemos aqui, entre iroqueses e entre gregos, é o primitivo embrião das famílias nobres, com uma situação especial dentro da *gens* e o primeiro embrião de chefia hereditária ou monarquia (esse somente entre os gregos). Supõe-se, pois, que entre os gregos o *basiléus* devesse ser eleito pelo povo ou então confirmado pelos órgãos representativos deste – conselho ou *ágora* – como vigora para o "rei" (*rex*) entre os romanos.

Na Ilíada, o chefe militar Agamenon aparece não como rei supremo dos gregos, mas como supremo comandante de um exército federado diante uma cidade sitiada. E depois de terem surgido desavenças entre os gregos, Ulisses apela para essa qualidade na passagem que ficou famosa: "Não é bom que muitos mandem ao mesmo tempo. Um só deve dar ordens", etc. (O conhecido sobre o cetro é um acréscimo posterior). "Ulisses não faz aqui nenhuma conferência sobre forma de governo. Pede apenas que em campo de batalha se obedeça ao comandante supremo. Entre os gregos, que aparecem diante de Troia apenas como um exército, o processo na *ágora* é bastante democrático. Aquiles, ao falar de presentes, isto é, da partilha do saque, não encarrega Agamenon ou qualquer outro *basiléus* para fazê-la, mas incumbe os "filhos dos Aqueus", isto é, o povo. Os atributos "filho de Zeus" ou "gerado por Zeus" nada provam, pois todas as *gens* descendiam de algum deus e a *gens* do chefe da tribo naturalmente de um deus mais importante, no caso, Zeus. Mesmo indivíduos que não são libertos, como o porqueiro Eumeu e outros, são "divinos" (*díoi* e *théioi*) e isso na Odisseia, ou seja, numa época muito posterior à descrita pela Ilíada. Na mesma Odisseia, são chamados "heróis" o arauto Mulios e o cantor cego Demódoco. Em resumo, a palavra *basileia*, que os escritores gregos empregam para a chamada realeza homérica (em virtude de ser sua característica principal a chefia do exército), acompanhada de um conselho e de uma assembleia popular, significa apenas democracia militar" (Marx).

Além de suas atribuições militares, o *basiléus* tinha atribuições religiosas e judiciais. Essas últimas eram indeterminadas, mas as religiosas estavam ligadas à sua condição de representante supremo da tribo ou da federação de tribos. Nunca se fala de atribuições civis, administrativas, mas parece que o *basiléus* foi membro do conselho, devido a seu cargo.

Assim, do ponto de vista etimológico, é totalmente correto traduzir *basiléus* pela palavra alemã *König* (rei), pois *König*

(*Kuning*) vem de *Kuni, Kunne* e significa chefe de uma *gens*. Mas o termo *basiléus* da Grécia antiga não corresponde, de modo algum, ao *König* (rei) de nossos dias. Tucídides (*História da Guerra do Peloponeso*, I, 13) chama expressamente a antiga *basileia* de *patrikê*, isto é, derivada das *gens*, e diz que ela tinha atribuições fixas e limitadas. E Aristóteles (*Política*, III, 10) diz que a *basileia* dos tempos dos heróis foi um comando militar exercido sobre homens livres e o *basiléus* foi um general, juiz e sumo-sacerdote. Portanto, não tinha poder governamental, no sentido ulterior da palavra.[1]

Na organização grega da época heróica vemos, pois, ainda cheia de vigor a antiga organização gentílica, mas já observamos igualmente o início de sua decadência: o direito paterno com transmissão por herança dos bens para os filhos, favorecendo a acumulação de riquezas na família e tornando esta um poder contrário à *gens*; a diferenciação de riquezas, repercutindo sobre a constituição social por meio da formação dos primeiros rudimentos de uma nobreza e realeza hereditárias; a escravidão, a princípio restrita aos prisioneiros de guerra, evoluindo depois para a escravização de membros da própria tribo e até da própria *gens*; a degeneração da velha guerra entre as tribos na busca sistemática, por terra e por mar, de gado, escravos e tesouros que eram fonte regular de enriquecimento.

Em resumo, a riqueza passou a ser valorizada e respeitada como bem supremo e as antigas instituições da *gens* foram pervertidas para justificar a obtenção de riquezas pelo roubo e pela violência. Só faltava uma coisa: uma instituição que não só protegesse as novas riquezas individuais contra as tradições comunistas da constituição gentílica, que não só consagrasse a propriedade privada, antes tão pouco estimada, e declarasse essa consagração como a finalidade mais elevada da comunidade

....
[1] Tal como o basiléus grego, também o chefe guerreiro asteca tem sido apresentado como um príncipe moderno. Morgan foi o primeiro a submeter a uma crítica histórica os relatos dos espanhóis, inicialmente equivocados e exagerados, depois claramente mentirosos, provando que os índios do México se encontravam na fase média da barbárie, mas, de qualquer modo, mais adiantados que os índios pueblos do Novo México, e provando ainda que a organização deles, tanto quanto era possível depreender pelos deturpados relatos disponíveis, era a seguinte: uma federação de três tribos que haviam submetido outras como tributárias e que era governada por um conselho federal e um comandante militar federal. Deste último, os espanhóis fizeram um "imperador" (Nota de Engels).

humana, mas também imprimisse o selo do reconhecimento da sociedade às novas formas de aquisição da propriedade, que se desenvolviam umas sobre as outras e, portanto, a acumulação cada vez mais acelerada das riquezas; uma instituição que não só perpetuasse a nascente divisão da sociedade em classes, mas também o direito de a classe possuidora explorar aquela que pouco ou nada possuía e a dominação da primeira sobre a segunda.

E essa instituição nasceu. Foi inventado o Estado.

Capítulo V

Gênese do Estado Ateniense

Em nenhum lugar melhor que na antiga Atenas, pode-se observar como o Estado se desenvolveu, pelo menos na primeira fase de sua evolução, em parte transformando os órgãos da constituição gentílica, em parte substituindo-os com introdução de novos órgãos e, finalmente, alterando-os completamente com a instauração de efetivas autoridades estatais, quando uma "força pública" armada a serviço dessas autoridades e, portanto, que podia ser dirigida também contra o povo, usurpou o lugar do verdadeiro "povo em armas" que havia organizado sua própria defesa nas *gens*, nas *fratrias* e nas tribos. Morgan descreve especialmente as modificações formais, ao passo que as condições econômicas que as produziram, em grande parte eu mesmo as acrescentei.

Na época dos heróis, as quatro tribos dos atenienses ainda estavam estabelecidas em diferentes territórios da Ática. Mesmo as doze *fratrias* que as compunham parece que tinham diferentes instalações nas doze cidades de Cecrope. A organização era aquela dos tempos dos heróis: assembleia do povo, conselho e *basiléus*. Até onde alcança a história escrita, a terra já havia sido repartida e se tornado propriedade privada, o que corresponde à produção e ao comércio de mercadorias já relativamente desenvolvidos da fase superior da barbárie. Além de cereais, eram produzidos vinho e azeite. O comércio marítimo no mar Egeu era retirado dos fenícios e passava cada vez mais para as mãos dos áticos. Como consequência da compra e venda de terras e da progressiva divisão do trabalho entre a agricultura e artesanato, comércio e navegação, logo se confundiram os membros das *gens*, *fratrias* e tribos. Nos territórios das *fratrias* e das tribos, fixaram residência habitantes que, embora fossem do mesmo povo, não faziam parte daquelas corporações e, portanto, eram estranhos a elas e ao local. Eram estranhos porque, em tempos de paz, cada *fratria* e cada tribo administravam elas mesmas seus assuntos internos, sem consultar o conselho popular ou o *basiléus* de Atenas. E esses habitantes que passavam a residir na área da *fratria* e da tribo não podiam, naturalmente, tomar parte na administração delas.

Esse novo estado de coisas provocou tal desordem na organização gentílica que, já nos tempos dos heróis, houve necessidade de modificá-la. Foi introduzida a constituição atribuída a Teseu. A principal mudança foi a instituição de uma administração central em Atenas. Parte dos assuntos que até então eram resolvidos de modo autônomo pelas tribos foi declarada de interesse comum e transferida ao conselho geral, sediado em Atenas. Com isso, os atenienses deram um passo mais além do que qualquer povo nativo da América: a simples confederação de tribos vizinhas foi superada pela fusão de todas num único povo. Disso resultou um sistema de leis ateniense popular, mais evoluído que o das tribos e das *gens*. O cidadão ateniense como tal recebia determinados direitos e uma nova proteção legal, mesmo em territórios que não pertenciam a suas tribos.

Dessa forma, porém, estava dado o primeiro passo para o desaparecimento da constituição gentílica, o primeiro passo no sentido da admissão de cidadãos que não pertenciam a qualquer das tribos da Ática e que não eram, nem se tornaram integrantes da organização gentílica ateniense.

A segunda instituição, atribuída a Teseu, foi a divisão de todo o povo em três classes, sem considerar a *gens*, a *fratria* ou a tribo: os *eupátridas* ou nobres, os *geômoros* ou agricultores e os *demiurgos* ou artesãos, garantida aos nobres a exclusividade do exercício das funções públicas. É verdade que, excetuando-se a ocupação dos cargos públicos exclusivamente pelos nobres, essa divisão não produziu nenhum efeito mais importante, pois não estabelecia nenhuma outra distinção de direitos entre as classes. Mas é importante, pois apresenta novos elementos sociais que, imperceptivelmente, se haviam desenvolvido. Ela mostra que o costume de herança de cargos públicos por certas famílias na *gens* já se havia transformado num direito pouco contestado, que essas famílias, poderosas por suas riquezas, começaram a formar, fora de suas *gens*, uma classe privilegiada especial e que o Estado nascente sancionou essa usurpação.

Ela mostra ainda que a divisão do trabalho entre agricultores e artesãos se havia tornado suficientemente forte para disputar a primazia em importância social com a antiga divisão em *gens* e tribos. Ela proclama, por fim, a inconciliável oposição entre sociedade gentílica e Estado. O primeiro sintoma de formação do Estado consiste na destruição das *gens*, dividindo os membros de cada uma em privilegiados e preteridos e dividindo estes últimos em duas classes, segundo seus ofícios, e opondo-as assim uma à outra.

A história política de Atenas no período seguinte até Solon é conhecida apenas de modo imperfeito. O cargo de *basiléus* começou a cair em desuso e arcontes eleitos entre a nobreza passaram a dirigir o Estado. A dominação da nobreza foi aumentando cada vez mais até se tornar insuportável, por volta do ano 600 antes de nossa era. Os principais meios para a opressão da liberdade comum foram o dinheiro e a usura. A nobreza residia principalmente em Atenas e arredores, onde o comércio marítimo, misturado com ocasional pirataria, a enriquecia e concentrava o dinheiro em suas mãos.

A partir de então, o sistema monetário que se desenvolvia penetrou, como um ácido corrosivo, na vida tradicional das antigas comunidades agrícolas, baseadas na economia natural. A organização das *gens* é inteiramente incompatível com um sistema monetário. A ruína dos pequenos agricultores da Ática coincide com o afrouxamento dos antigos laços da *gens* que os protegiam. As letras de câmbio e a hipoteca (porque os atenienses já haviam inventado a hipoteca) não respeitavam nem *gens* nem *fratria*. A velha organização das *gens* não conhecia nenhum dinheiro, nem empréstimo e dívidas em moeda. Por isso, o poder do dinheiro nas mãos da nobreza, poder que aumentava incessantemente, criou também um novo direito consuetudinário para defesa do credor contra o devedor e de apoio à exploração dos pequenos agricultores pelos possuidores de dinheiro.

Toda a área rural da Ática estava marcada por colunas de hipoteca, onde se podia ler que os terrenos em que elas se situavam estavam hipotecados por tanto dinheiro a fulano ou sicrano. Os campos que não estavam assinalados com essas marcas geralmente já haviam sido vendidos, devido a hipotecas vencidas e não pagas, pelo que o nobre usurário a quem estavam hipotecados os adquirira. O camponês podia considerar-se feliz quando esse novo proprietário nobre lhe permitia continuar ali como colono e viver de um sexto do produto de seu trabalho, pagando ao dono os cinco sextos restantes como arrendamento.

E mais, se a receita da venda do lote de terra não bastava para cobrir o montante da dívida hipotecária e se não havia com que cobrir a diferença, o camponês devedor tinha de vender seus filhos nos mercados de escravos estrangeiros para pagar por completo seu credor. A venda dos filhos pelo pai foi, aí está, pois, o primeiro fruto do direito paterno e da monogamia! E se, ainda assim, o vampiro não se saciasse, podia vender como escravo seu próprio devedor. Essa foi a bela aurora da civilização do povo ateniense.

Semelhante revolução teria sido impossível no passado, quando as condições de vida do povo ainda correspondiam à organização gentílica. Mas agora isso estava acontecendo, sem que ninguém soubesse como. Vamos voltar, por um momento, aos iroqueses. Entre eles era inconcebível uma situação como essa imposta agora aos atenienses, por assim dizer sem sua participação e, certamente, contra sua vontade. Entre os iroqueses, o modo de produzir o necessário para a subsistência, que se mantinha igual anos após anos, nunca poderia gerar tais conflitos, como que impostos de fora, jamais haveria de surgir oposição alguma entre ricos e pobres, entre exploradores e explorados.

Os iroqueses estavam muito longe ainda de dominar a natureza, embora dentro dos limites que essa antureza lhes fixava fossem donos de sua própria produção. Não contando os casos de más colheitas em suas hortas, a escassez de peixe em seus lagos e rios e da caça em suas florestas, sabiam qual podia ser seu modo de garantir os meios de subsistência. Sabiam que, umas vezes mais abundantes, outras mais escassos, determinados recursos de subsistência deveriam ser obtidos. Mas algo que nunca poderia vir a ocorrer seriam revoluções sociais imprevistas, ruptura dos laços gentílicos ou divisão das *gens* e das tribos em classes opostas, lutando uma contra a outra.

A produção se realizava dentro dos mais estreitos limites, mas os que produziam eram donos de seu próprio produto. Essa era a enorme vantagem da produção bárbara que se perdeu com o advento da civilização e que as gerações futuras terão o dever de reconquistar, dando-lhe por base o poderoso domínio da natureza que o homem já conseguiu em nossos dias e a livre associação hoje tornada possível.

Entre os gregos, as coisas eram diferentes. O surgimento da propriedade privada dos rebanhos e dos objetos de luxo trouxe o comércio individual e a transformação dos produtos em mercadorias. Esse foi o germe da revolução subsequente. Quando os produtores deixaram de consumir diretamente seus produtos, desfazendo-se deles por meio do comércio, deixaram de ser donos dos mesmos. Já não podiam saber o que ia ser feito dos produtos, nem se algum dia esses produtos iriam ser utilizados contra o produtor, para explorá-lo e oprimi-lo. Por essa razão é que nenhuma sociedade pode ser dona de sua própria produção, pelo menos de um modo duradouro, nem controlar os efeitos sociais de seu processo de produção, a não ser pela extinção da troca entre os indivíduos.

Os atenienses, porém, deviam aprender, e rapidamente, como, ao surgir a troca entre os indivíduos e ao se transformarem os produtos em mercadorias, o produto faz valer seu domínio sobre o produtor. Com a produção de mercadorias, surgiu o cultivo individual da terra e, em seguida, a propriedade individual da terra. Mais tarde veio o dinheiro, a mercadoria universal pela qual todas as demais podiam ser trocadas. Ao inventarem o dinheiro, porém, os homens não suspeitavam que estavam criando um novo poder social, o poder universal único, diante do qual a sociedade inteira iria se curvar. Esse novo poder, surgido repentinamente sem o conhecimento nem a vontade de seus próprios criadores, fez sentir aos atenienses sua dominação com toda a brutalidade de sua juventude.

Que se podia fazer? A antiga organização gentílica não só se havia mostrado impotente contra o avanço triunfal do dinheiro, mas também era absolutamente incapaz de encontrar espaço, em seu âmbito, para algo como dinheiro, credores, devedores, cobrança compulsiva das dívidas. O novo poder social, no entanto, já existia e não eram piedosos desejos ou ânsia por voltar aos bons tempos passados que haveriam de conseguir expulsar do mundo o dinheiro e a usura. Além disso, outras brechas menos importantes foram abertas na organização gentílica: a mistura dos membros das *gens* e das *fratrias* por todo o território ático, particularmente na cidade de Atenas, aumentava de geração em geração, embora naquele tempo um ateniense, apesar de poder vender lotes de terra fora de sua *gens*, ainda não pudesse vender fora desta a casa em que morava.

Com os progressos da indústria e das comunicações, havia-se desenvolvido de forma cada vez mais perfeita a divisão do trabalho entre os diferentes setores da produção, como agricultura e ofícios manuais e, entre esses últimos, inúmeras subdivisões, como o comércio, a navegação, etc. A população se dividia agora, segundo suas ocupações, em grupos bem definidos, cada um dos quais tinha uma série de novos interesses comuns, para os quais não havia lugar na *gens* ou na *fratria*, tornando necessária, portanto, a criação de novos cargos.

O número de escravos havia crescido significativamente e já, nessa altura, devia ter ultrapassado em muito o número dos atenienses livres. A organização da *gens* não conhecia, a princípio, nenhum tipo de escravidão e, em decorrência, não sabia também como manter sob controle uma massa de pessoas não livres. Finalmente, o comércio havia atraído para Atenas uma multidão de estrangeiros, que ali se instalou por ser mais fácil ganhar dinheiro e, apesar da tolerância tradicional, esses estrangeiros não gozavam de qualquer direito ou proteção legal sob a antiga organização, pois constituíam para o povo um elemento estranho e perturbador.

Em resumo, a organização gentílica ia chegando ao fim. A sociedade, crescendo a cada dia, ultrapassava o círculo da *gens*. Não conseguia impedir ou eliminar nem mesmo os piores males que iam surgindo diante de seus olhos. Enquanto isso, o Estado se desenvolvia sem se notar. Os novos grupos criados pela divisão do trabalho – primeiro entre a cidade e o campo e depois entre os diferentes ramos de trabalho nas cidades – haviam criado novos órgãos para a salvaguarda de seus interesses, além da instituição de cargos públicos de toda espécie. O jovem Estado precisava então de uma força própria que, para um povo de navegadores como os atenienses, só podia ser, de imediato, uma força naval usada em pequenas guerras e na proteção dos barcos de comércio.

Num tempo incerto, antes de Sólon, foram instituídas as *naucrárias*, pequenas circunscrições territoriais, doze em cada tribo. Cada *naucrária* devia fornecer, armar e tripular um barco de guerra e ainda dispor de dois cavaleiros. Essa instituição minava a *gens* em dois pontos. Primeiro, porque criava uma força pública que já não coincidia necessariamente com a totalidade do povo em armas. Em segundo lugar, pela primeira vez, dividia o povo para fins públicos, não conforme grupos de parentesco e sim de acordo com o local de residência comum. Vamos mostrar o que isso significava.

Como a organização gentílica não podia prestar nenhum auxílio ao povo explorado, este tinha de se voltar mesmo para o Estado nascente. Este lhe prestou o almejado auxílio pela constituição de Sólon, com o que aproveitou para se fortalecer ainda mais, em detrimento da antiga organização. Não vamos falar aqui de como foi realizada a reforma de Sólon no ano 594, antes de nossa era. Sólon inaugurou a série das chamadas revoluções políticas e o fez com uma intervenção na propriedade. Até hoje, todas as revoluções têm sido revoluções contra um tipo de propriedade e em favor de outro. Não podem proteger um tipo de propriedade sem violar o outro. Na grande Revolução Francesa, a propriedade feudal foi sacrificada para salvar a propriedade burguesa. Na revolução de Sólon, a propriedade dos credores teve de sofrer em benefício daquela dos devedores. As dívidas foram simplesmente declaradas nulas. Ignoramos os pormenores, mas Sólon se vangloria, em seus poemas, de ter feito remover as colunas de hipoteca das terras endividadas e de ter propiciado o repatriamento dos homens que, endividados, haviam sido vendidos como escravos ou fugido para o estrangeiro. Isso não podia ser feito senão por uma flagrante violação dos direitos de propriedade.

E de fato, desde a primeira até a última dessas chamadas revoluções políticas, todas elas foram feitas para proteção da propriedade de um tipo e levadas a cabo pelo confisco, também chamado roubo, da propriedade de outro tipo. Tanto isso é verdade que, há dois mil e quinhentos anos, a propriedade privada só tem podido se manter com a violação dos direitos da propriedade.

Nessa altura, porém, tratava-se de impedir que os atenienses livres pudessem ser escravizados novamente. Conseguiu-se isso primeiramente com medidas gerais, por exemplo, proibindo os contratos de empréstimo nos quais o devedor dava por garantia sua pessoa. Além disso, fixou-se a extensão máxima de terra que um mesmo indivíduo podia possuir, com o propósito de pôr algum limite à cobiça dos nobres pelas terras dos camponeses. Depois, houve mudanças na própria constituição. Consideramos que as mais importantes foram as seguintes:

O conselho elevou-se para quatrocentos membros, cem de cada tribo. Até aqui, portanto, a tribo continuava sendo a base do sistema. Mas esse foi o único ponto da organização antiga adotado pelo Estado recém-criado. Quanto ao resto, Sólon dividiu os cidadãos em quatro classes, de acordo com sua propriedade territorial e a respectiva produção. A produção mínima fixada para as três primeiras classes era de 500, 300 e 150 medimnos de grão respectivamente (um medimno equivale a cerca de 41 litros). Quem tivesse terras de tamanho menor ou nenhuma era incluído na quarta classe.

Os cargos públicos só podiam ser ocupados por indivíduos das três primeiras classes e os cargos mais importantes cabiam apenas aos indivíduos da primeira classe. A quarta classe tinha apenas o direito de usar da palavra e votar na assembleia popular. Era nessa assembleia que se elegiam todos os funcionários. Nela, tinham de prestar contas de sua gestão, elaboravam-se todas as leis e nela a quarta classe formava a maioria. Os privilégios aristocráticos foram renovados em parte, sob a forma de privilégios da riqueza, mas o povo manteve o poder supremo.

Por outro lado, as quatro classes formaram a base de uma nova organização militar. As duas primeiras forneciam a cavalaria, a terceira servia na infantaria pesada e a quarta, como tropa de infantaria leve, sem couraça ou na frota. É provável que essa classe servisse por soldo.

Introduzia-se agora, portanto, um elemento totalmente novo na constituição: a propriedade privada. Os direitos e os deveres dos cidadãos do Estado eram determinados de acordo com o tamanho da propriedade fundiária possuída e, na medida em que ia aumentando a influência das classes abastadas, iam sendo abandonadas as antigas corporações consanguíneas. A organização gentílica sofria outra derrota.

No entanto, a gradação dos direitos políticos segundo a propriedade não era uma dessas instituições sem as quais o Estado não pode existir. Por maior que fosse o papel desempenhado por essa gradação na história constitucional dos Estados, grande número deles e, precisamente os mais desenvolvidos, prescindiram dela. Na própria Atenas, ela desempenhou apenas um papel transitório. Desde Aristides, todos os cargos públicos eram acessíveis a qualquer cidadão.

Durante os oitenta anos que se seguiram, a sociedade ateniense encaminhou-se gradativamente na direção que se tornou efetiva em seu desenvolvimento nos séculos seguintes. Um limite havia sido posto à usura dos latifundiários da época anterior a Sólon e à desmedida concentração da posse de terras. O comércio e as artes e ofícios que se praticavam cada vez mais em larga escala, com base no trabalho escravo, chegaram a tornar-se os principais ramos de atividade. Um maior esclarecimento foi sendo adquirido por todos. Em lugar de explorar os próprios concidadãos de maneira iníqua, como ocorria no início, o ateniense passou a explorar os escravos e os estrangeiros. Os bens móveis, a riqueza em dinheiro e a riqueza em número de escravos e de navios cresciam sem cessar. Agora, porém, já não eram simples meios de adquirir terras, como no período anterior, cheio de limitações, mas se converteram em um fim em si próprios.

Desse modo, por um lado, a nobreza antiga no poder encontrou uma concorrência vitoriosa nas novas classes de ricos industriais e comerciantes, mas, por outro lado, retirava-se também o último apoio aos restos da antiga organização gentílica. As *gens*, as *fratrias* e as tribos, cujos membros já andavam dispersos por toda a Ática e viviam completamente misturados, tornaram-se de todo inúteis como corporações políticas. Um grande número de cidadãos atenienses não pertencia mais a qualquer *gens*. Esses cidadãos eram imigrantes que haviam conseguido o direito de cidadania, mas não haviam sido integrados, porém, em nenhum dos antigos agrupamentos por linhagem. Além desses, havia ainda um número sempre crescente de imigrantes estrangeiros que só gozavam do direito de proteção.

Enquanto isso, prosseguiam as lutas entre partidos. A nobreza procurava recuperar seus antigos privilégios e, por algum tempo, conseguiu novamente a supremacia, até que a revolução de Clístenes (no ano 509 antes de nossa era) a derrubou definitivamente e, com ela, pôs por terra os últimos vestígios da organização gentílica.

Em sua nova constituição, Clístenes ignorou as quatro antigas tribos baseadas nas *gens* e nas *fratrias*. Em seu lugar, foi instaurada uma organização totalmente nova, fundada na divisão dos cidadãos, já ensaiada nas *naucrárias*, apenas de acordo com o local de residência. O que passava a valer já não era o fato de se pertencer a agrupamentos por linhagem, mas apenas o domicílio. Não mais o povo, portanto, que era repartido, mas o território, tornando-se os habitantes, politicamente, meros apêndices do território.

Toda a Ática foi dividida em cem comunas, os *demos*, cada um dos quais se administrava a si próprio. Os cidadãos residentes em cada demo (*demotas*) elegiam seu chefe (*demarca*) e seu tesoureiro, assim como trinta juízes dotados de poderes para resolver assuntos de somenos importância. Mantinham igualmente um templo próprio e um deus protetor ou herói, servido por sacerdotes eleitos pelo povo. O poder supremo no *demos* pertencia à assembleia dos *demotas*. Como acertadamente observa Morgan (*op. cit.*, p. 271), esse é o protótipo das comunidades urbanas da América que se autogovernam. O Estado nascente em Atenas começa com a mesma unidade que distingue o Estado moderno em seu mais alto grau de desenvolvimento.

Dez dessas unidades (demos) formavam uma tribo que, no entanto, para se distinguir da antiga tribo por linhagem (*Geschlechtsstamm*), agora é chamada de tribo local (*Ortsstamm*). A tribo local não era apenas um corpo político auto-administrado, mas também um corpo militar. Elegia seu *phylarca* ou chefe de tribo que comandava a cavalaria, um *taxiarca* que comandava a infantaria e um *stratego* que comandava de todas as tropas recrutadas no território da tribo. Ela fornecia ainda cinco naves de guerra com seus tripulantes e comandante e recebia como patrono um herói da Ática, cujo nome adotava. Por último, cabia à tribo ainda eleger cinquenta conselheiros para o conselho de Atenas.

O remate dessa estrutura ficava por conta do Estado ateniense, governado por um conselho composto de quinhentos representantes eleitos pelas dez tribos e, em última instância, pela assembleia do povo, na qual todo cidadão ateniense tinha direito a participação e voto. Além disso, os arcontes e outros funcionários asseguravam a administração da justiça em seus diversos setores. Em Atenas não havia um representante supremo do poder executivo.

Com essa nova constituição e com a admissão de um grande número de protegidos (*Schutzverwandter*), em parte imigrantes e em parte escravos libertos, os órgãos da *gens* ficaram à margem da gestão dos assuntos públicos, reduzindo-se a associações privadas e sociedades religiosas. Mas a influência moral, as concepções e ideias tradicionais da antiga época gentílica viveram ainda bastante tempo e só foram-se extinguindo paulatinamente. Isso se verificou numa instituição estatal subsequente.

Vimos que uma das características essenciais do Estado consiste num poder público distinto da massa do povo. Nessa época, Atenas ainda só possuía um exército popular e uma frota equipada diretamente pelo povo que protegiam Atenas contra os inimigos do exterior e mantinham sob controle os escravos que, a essa altura, já constituíam a maioria da população. Para os cidadãos, essa força pública só existia, a princípio, em forma de polícia, que é tão antiga quanto o Estado, razão pela qual os ingênuos franceses do século XVIII não falavam de nações civilizadas, mas de nações policiadas (*nations policées*). Os atenienses instituíram, portanto, simultaneamente com seu Estado, uma polícia, um verdadeiro corpo de guardas formado de arqueiros a pé e a cavalo ou, como se diz no sul da Alemanha e na Suíça, *Landjäger*. Esse corpo de guardas, porém, era formado por escravos. Esse serviço, próprio de esbirros, era considerado de tal forma indigno pelo ateniense livre que ele preferia ser detido por um escravo armado a cumprir ele mesmo aquelas funções tão aviltantes. Era ainda uma manifestação da antiga maneira de sentir das *gens*. O Estado não podia existir sem a polícia, mas era ainda jovem e não tinha ainda o respeito moral suficiente para tornar respeitável um ofício tão desprezível aos olhos dos antigos membros da *gens*.

O rápido desenvolvimento da riqueza, do comércio e da indústria prova como o Estado, já então definido em seus traços principais, estava adaptado à nova condição social dos atenienses. A oposição de classes em que as instituições sociais e políticas agora se fundamentavam, já não era mais o que havia subsistido entre os nobres e o povo, mas sim o antagonismo entre escravos e homens livres, entre protegidos e cidadãos. Em sua época de maior florescimento, Atenas contava 90.000 cidadãos livres, incluindo mulheres e crianças. Os escravos de ambos os sexos, no entanto, somavam 365.000 pessoas e os protegidos, imigrantes e libertos, chegavam a 45.000. Assim, para cada cidadão adulto do sexo masculino havia, no mínimo, dezoito escravos e mais de dois protegidos. A causa da existência de um número tão grande de escravos resultava do fato de muitos deles trabalharem juntos, sob o comando de capatazes, em grandes oficinas manufatureiras.

Com o progresso do comércio e da indústria, porém, vieram a acumulação e a concentração das riquezas em poucas mãos, o empobrecimento da massa dos cidadãos livres, aos quais restava apenas a opção de competir com o trabalho dos escravos por meio de seu próprio trabalho manual – o que era considerado desonroso, aviltante e, além disso, pouco proveitoso – ou então se converter em mendigos. Diante das circunstâncias, muitos foram obrigados a optar por esse último caminho. Como, porém, constituíam a maior parte dos cidadãos, isso acabou por levar à ruína todo o Estado ateniense. Não foi a democracia que arruinou

Atenas, como pretendem os mestres europeus que abanam a cauda diante dos príncipes, mas a escravidão que proscrevia o trabalho do cidadão livre.

A formação do Estado entre os atenienses é um modelo notavelmente característico da formação do Estado em geral porque, de um lado, se realiza de um modo totalmente puro, sem intromissão de violências externas ou internas – a usurpação de Pisístrato não deixou o menor vestígio de sua curta duração – porque, por outro lado, faz surgir diretamente da sociedade gentílica uma forma altamente desenvolvida de Estado, a república democrática e, finalmente, porque conhecemos suficientemente todas as suas peculiaridades essenciais.

Capítulo VI

A *Gens* e o Estado em Roma

Da lenda da fundação de Roma, deduz-se que a primeira colonização do local foi feita por um certo número de *gens* latinas (cem, segundo a lenda), reunidas numa tribo. Logo se uniu a essa uma tribo sabina, ao que parece igualmente de cem *gens*, e por último uma tribo composta de elementos diversos, também essa composta de cem *gens*.

Toda a narração revela, à primeira vista, que não havia nada ali espontaneamente formado, exceto a *gens* que, mesmo ela, em muitos casos, não passava de um ramo de antiga *gens*-mãe que havia permanecido no antigo território. As tribos traziam a marca de sua composição artificial, ainda que, em sua maioria, estivessem formadas de elementos consanguíneos e segundo o modelo da antiga tribo constituída natural e não artificialmente. Não fica excluída, no entanto, a possibilidade de que o núcleo de cada uma das três tribos mencionadas pudesse ser uma autêntica tribo antiga. O elo intermediário, a *fratria*, contava dez *gens* e se chamava *cúria*. Assim, as cúrias eram trinta.

É fato reconhecido o de que a *gens* romana era uma instituição igual a grega. Se a *gens* grega era uma forma desenvolvida da unidade social, cuja forma primitiva pôde ser observada entre os peles-vermelhas americanos, o mesmo pode ser dito, sem dúvida, da *gens* romana. Por isso, podemos ser mais breves em sua análise.

A *gens* romana tinha, pelo menos nos primeiros tempos da cidade, a seguinte constituição:

1. Direito de herança recíproco entre os membros da *gens*. Os bens permaneciam na *gens*. Uma vez que na *gens* romana, como na grega, vigorava o direito paterno, os descendentes por linha feminina eram excluídos na herança. Segundo a Lei das Doze Tábuas, o mais antigo direito romano escrito que nos é conhecido, os primeiros a herdar eram os filhos, como herdeiros naturais. Não havendo filhos, herdavam os agnados (parentes por linha masculina). Na falta desses, os demais membros da *gens*. Os bens ficavam, em qualquer caso, dentro da *gens*. Aqui observamos a gradual infiltração nos costumes gentílicos de novas disposições legais, causadas pelo crescimento da riqueza e pela monogamia. O direito de herdar, a princípio, igual para todos os membros de uma *gens*, restringiu-se, em tempo bastante remoto, aos agnados e depois aos filhos e respectivos descendentes por linha masculina. Na Lei das Doze Tábuas, essa ordem aparece, naturalmente, invertida.

2. Posse de um lugar comum para sepultar os mortos. A *gens* patrícia Cláudia, ao emigrar de Régilo para Roma, recebeu, além de uma área de terras, um local para o sepultamento de seus mortos. Até nos tempos de Augusto, a cabeça de Varo, morto na floresta de Teutoburgo, foi trazida a Roma e enterrada num túmulo gentílico (*gentilitius tumulus*), o que demonstra que sua *gens* (a Quintília) ainda tinha seu jazigo particular.

3. Solenidades religiosas em comum. Eram chamadas *sacra gentilitia* e são bem conhecidas.

4. Obrigação de não casar dentro da *gens*. Em Roma, parece que isso jamais se tornou uma lei escrita, mas subsistia como costume. Dos inúmeros casais romanos cujos nomes chegaram até nossos dias, não é conhecido um único caso em que o marido e a mulher tenham o mesmo nome gentílico. Outra prova dessa regra é a do direito de herança, na forma com que era adotado. Pelo casamento, a mulher saía da *gens* ao casar, perdia seus direitos agnáticos e nem ela nem os filhos que tivesse poderiam herdar do pai dela ou dos irmãos desse, pois do contrário a *gens* paterna perderia parte dos bens de seus membros que morressem, como aconteceria fatalmente se outras leis de herança prevalecessem. Ora, isso só faz sentido se a mulher fosse impedida de se casar com um membro de sua *gens*.

5. Posse comum das terras. Nos tempos primitivos, isso se verificava sempre, desde que a terra da tribo passou a ser repartida. Entre as tribos latinas, encontramos o solo possuído em parte pela tribo, em parte pela *gens*, e em parte por economias domésticas que, a essa altura, dificilmente seriam de famílias individuais. Atribui-se a Rômulo a primeira divisão de terras entre indivíduos, à razão de dois *jugera* (cerca de um hectare) para cada um. Mais tarde, contudo, vamos encontrar a terra ainda em mãos da *gens*, sem falar nas terras do Estado, em torno das quais gira toda a história interna da República.

6. Obrigação dos membros da *gens* de ajuda e proteção mútuas. A respeito disso, a história escrita apresenta apenas vestígios. O Estado romano, desde seu surgimento, provou-se bastante forte para chamar a si o direito de proteção contra as injustiças. Quando Ápio Cláudio foi preso, sua *gens* inteira vestiu luto, inclusive seus inimigos pessoais. Na época da segunda guerra púnica, as *gens* se associaram para pagar o resgate de seus membros feitos prisioneiros de guerra, mas o senado proibiu-as de fazer isso.

7. Direito de usar o nome gentílico. Manteve-se até a época dos imperadores. Aos próprios escravos libertos era concedida permissão para usar o nome gentílico de seus antigos senhores, embora não passassem a gozar dos direitos gentílicos dos patrões.

8. Direito de adotar estranhos na *gens*. Isso era a adoção por uma família (como entre os índios americanos) que trazia com ela a adoção pela *gens*.

9. O direito de eleger e depor o chefe não são mencionados em parte alguma. Como, porém, nos tempos primitivos de Roma, todos os postos começando pelo de rei, eram preenchidos por eleição ou aclamação e até os sacerdotes das cúrias eram eleitos por elas, é razoável admitir que o mesmo acontecia com os chefes (*príncipes*) das *gens*, ainda que pudesse ser regra elegê-los a partir de uma mesma família na *gens*.

Isso era o que competia a uma *gens* romana. Com exceção da passagem para o direito paterno, já realizada, ela é a imagem fiel do conjunto de direitos e deveres de uma *gens* iroquesa. Aqui também, "espreita inegavelmente o iroquês".

Aqui vai apenas um exemplo da confusão que ainda hoje impera nos trabalhos até de nossos mais famosos historiadores, em relação à organização da *gens* romana. No tratado de Mommsen sobre os nomes próprios romanos da época republicana e dos tempos de Augusto (*Römische Forschungen*, Berlin, 1864) pode-se ler:

"Além do conjunto dos membros da *gens*, com exclusão naturalmente dos escravos, mas com a inclusão dos adotados e dos clientes, o nome gentílico é usado não só pelos membros masculinos da família, mas também pelas mulheres [...] A tribo (assim Mommsen traduz aqui *gens*) é [...] uma comunidade com uma ascendência comum, seja real, suposta ou inventada, unida por cerimônias religiosas, sepulturas e herança comuns, na qual devem ser contados todos os indivíduos livres e, portanto, também as mulheres. Difícil é determinar o nome gentílico das mulheres casadas. É certo que essa dificuldade não existia quando a mulher se casava com um homem de sua *gens* e está provado que durante muito tempo lhe foi bem mais difícil casar fora do que dentro da *gens*. O *gentis enuptio* (casamento fora da *gens*) era ainda concedido como privilégio especial no século VI [...] Mas, quando tais matrimônios fora da *gens* ocorriam, nos tempos primitivos, a mulher devia passar à tribo do marido. Nada está mais assegurado do que o ingresso da mulher, com desvinculação completa de sua própria comunidade, na comunidade legal religiosa do marido, pelo antigo matrimônio religioso. Quem é que não sabe que a mulher casada perdia todos os direitos ativos e passivos de herança quanto à sua *gens* de origem, mas adquiria esses direitos quanto à *gens* de seu marido e de seus filhos? E, desde que seu marido a adota como a uma filha e a integra em sua família, como poderia ficar fora da *gens* do mesmo?"

Mommsen afirma, portanto, que as mulheres romanas, no início, não podiam casar senão dentro da *gens* a que pertenciam e que, por conseguinte, para ele a *gens* romana teria sido endógama e não exógama. Essa opinião, que contradiz tudo o que pudemos observar em outros povos, fundamenta-se sobretudo, e talvez exclusivamente, numa única passagem, aliás muito discutida, de Tito Lívio (*Ab Urbe Condita*, livro 39, capítulo 19), de acordo com a qual o Senado decidiu, no ano 568 da fundação de Roma (186 antes de nossa era), o seguinte: "*Uti Feceniae Hispalae datio, deminutio, gentis enuptio, tutoris optio item esset quasi ei vir testamento dedisset; utique ei ingenuo nubere liceret, neu quid ei qui eam duxisset, ob id fraudi ignominiaeve esset*" (que Fecênia Hispala seria livre para dispor de seus bens, diminuí-los, para casar fora da *gens*, para escolher um tutor para si como se seu (falecido) marido lhe houvesse concedido esse direito por testamento; assim como lhe seria lícito contrair núpcias com um homem livre sem que houvesse fraude nem ignomínia para quem se casasse com ela).

É indubitável que a Fecênia, uma liberta, concede-se aqui o direito de casar fora da *gens*. E é igualmente indubitável que, pelo que antecede essa passagem, o marido tinha o direito de permitir, por testamento, que a sua mulher se casasse fora da *gens* após a morte dele. Mas, fora de qual *gens*?

Se a mulher devia casar-se dentro de sua *gens*, como supõe Mommsen, permanecia na mesma *gens* depois de seu casamento. Mas, em primeiro lugar, o que falta provar é precisamente essa pretendida endogamia das *gens*. Em segundo lugar, se a mulher devia se casar dentro de sua *gens*, naturalmente havia de acontecer o mesmo ao homem, pois sem isso não poderia encontrar mulher alguma. E então chegamos ao ponto em que o marido podia transmitir, por testamento, a sua mulher um direito que ele mesmo não possuía para si. Chegamos a um contra-senso jurídico. Assim também o entende Mommsen e então supõe que "para o casamento fora da *gens*, necessitava-se, juridicamente, não só do consentimento de quem tinha esse poder, mas de todos os outros membros da *gens*".

Em primeiro lugar, essa é uma suposição muito ousada. Em segundo lugar, contradiz o próprio texto da passagem citada. De fato, o Senado concede esse direito a Fecênia em lugar de seu marido. Confere-lhe expressamente nem mais nem menos do que lhe teria podido conferir o marido, mas o Senado dá aqui à mulher um direito absoluto, sem limitação alguma, de forma que, fazendo ela uso desse direito, não pudesse sobrevir por isso o menor prejuízo a seu novo marido. O Senado chega até a encarregar os cônsules e pretores, presentes e futuros, de tomar cuidado para que não resulte daí qualquer prejuízo no direito de Fecênia. Assim, a hipótese de Mommsen parece completamente inadmissível.

Suponhamos então que a mulher se casasse com um homem de outra *gens*, mas permanecesse ela mesma em sua *gens* de origem. Nesse caso, segundo a passagem citada, seu marido teria tido o direito de permitir à mulher o casamento fora da própria *gens* dessa, isto é, teria tido o direito de formular disposições relativas a uma *gens* a qual ele não pertencia de forma alguma. Isso é tão absurdo que não vale a pena perder tempo com o assunto.

Não resta, portanto, senão a seguinte hipótese: a mulher casava em primeiras núpcias com um homem de outra *gens* e, em consequência desse casamento, passava incondicionalmente à *gens* do marido, como o admite Mommsen em casos desse tipo. Com isso, toda a questão fica esclarecida.

A mulher, arrancada de sua *gens* de origem pelo casamento e adotada na *gens* do marido, tem nessa uma situação muito particular. Torna-se membro de uma *gens* a qual não está ligada por qualquer vínculo de consanguinidade. A própria forma de sua adoção isenta-a da proibição de se casar dentro da *gens* em que entrou precisamente por meio do casamento. Além disso, ela foi admitida no grupo matrimonial da *gens* e, em caso de morte de seu marido, herda alguma coisa dos bens desse, isto é, dos bens de um membro da *gens*. Haverá algo mais natural do que a obrigação da viúva de se casar dentro da *gens* de seu falecido marido para evitar que os bens do extinto saiam da *gens*? E, se for preciso abrir uma exceção, quem mais competente para autorizá-la do que o primeiro marido, legatário dos referidos bens? No momento em que lega a ela parte de seus bens e autoriza a mulher que leve essa parte dos bens, por ou em consequência de um casamento posterior, a uma *gens* estranha, o marido ainda é o dono dos bens e não está fazendo mais do que dispor, literalmente, de uma propriedade sua.

No que diz respeito à mulher e à sua situação relativamente à *gens* do marido, foi ele quem a introduziu nessa e por um ato de sua livre vontade, o casamento. Assim, parece igualmente natural que seja ele a pessoa própria para autorizá-la a sair dessa *gens* por meio de novo casamento. Em resumo, a coisa parece simples e evidente, desde que abandonemos a curiosa concepção sobre a endogamia da *gens* romana e a consideremos originalmente exógama, como fazia Morgan.

Resta ainda uma última hipótese que também tem tido seus defensores, e bastante numerosos, segundo a qual a passagem de Tito Lívio significa simplesmente que "as jovens libertas (*libertae*) não podiam, sem autorização especial, *et gente enubere* (casar fora da *gens*), nem praticar qualquer dos atos que, em virtude da *capitis deminutio minima* (perda dos direitos de família), implicasse na saída da liberta do agrupamento gentílico" (Lange, *Römische Alterthumer*, Berlim, 1856, tomo I, p. 195, que faz referência a Huschke com respeito à passagem de Tito Livio).

Se essa hipótese é correta, então a passagem citada não tem nada a ver com as romanas totalmente livres e então há muito menos fundamento para falar de sua obrigação de casar dentro da *gens*.

A expressão *enuptio gentis* só é encontrada nessa passagem e nunca mais se repete em toda a literatura romana. A palavra *enubere* (casar fora) encontra-se mais três vezes, as três em Tito Lívio e sem referência à *gens*. A ideia fantástica de que as romanas somente pudessem se casar dentro de suas *gens* deve sua existência a essa passagem, exclusivamente. De modo algum pode ser sustentada porque, ou a passagem de Tito Lívio se refere apenas a restrições especiais concernentes às libertas e, nesse caso, nada prova quanto às mulheres livres (*ingenuae*) ou então vale também para as mulheres livres e, nesse caso, o que ela prova é que, como regra geral, a mulher casada fora de sua *gens,* pelo casamento passava para a *gens* do marido. Portanto, a própria passagem discutida se pronuncia contra Mommsen e a favor de Morgan.

Cerca de trezentos anos depois da fundação de Roma, os laços gentílicos ainda eram tão fortes que uma *gens* patrícia, a dos Fábios, pôde empreender por sua própria conta e com o consentimento do Senado uma expedição contra a cidade próxima de Veies. Conta-se que 306 Fábios se puseram em marcha e foram todos mortos numa emboscada. Salvou-se um único rapaz que se havia atrasado no caminho e foi ele quem perpetuou a *gens*.

Conforme dissemos, dez *gens* formavam uma *fratria* que aqui se chamava cúria e tinha atribuições mais importantes que as de sua correspondente grega. Cada cúria tinha suas práticas religiosas, seus templos e sacerdotes. Esses últimos, constituídos num organismo, formavam um dos colégios sacerdotais romanos. Dez cúrias formavam uma tribo que originalmente, como as demais tribos latinas, deve ter tido um chefe eleito, comandante supremo na guerra e sumo-sacerdote. O conjunto das três tribos formava o povo romano, o *populus romanus*.

Assim, ao povo romano só podia pertencer quem fosse membro de uma *gens* e, em decorrência, de uma cúria e de uma tribo. A primeira organização desse povo foi como se segue. A gestão dos negócios públicos era da competência do Senado, composto pelos chefes das trezentas *gens*, conforme Niebbur que foi o primeiro a compreender isso. Os senadores, por serem os mais velhos em suas *gens*, chamavam-se *patres*, pais. O conjunto deles acabou formando o Senado (de *senex*, velho, ancião – conselho dos anciãos).

A escolha habitual do chefe para cada *gens* no interior das mesmas famílias criou, também aqui, a primeira nobreza gentílica. Essas famílias se chamavam patrícias e pretendiam para elas a exclusividade de entrada no Senado e reivindicavam todos os demais cargos públicos. O fato de que, com o tempo, o povo cedesse a essas reivindicações e deixasse que elas se transformassem em direito real é, a seu modo, uma explicação da lenda que dizia ter Rômulo, desde o início, concedido aos senadores e aos descendentes dos mesmos os privilégios do patriciado. O Senado, tal como a *boulê* ateniense, tinha poderes para decidir em muitos assuntos e proceder à discussão preliminar das mais importantes, sobretudo no caso de novas leis. Quem as votava, contudo, era a Assembleia do Povo, chamada *comitia curiata* (comícios das cúrias). O povo se reunia, agrupado por cúrias, e em cada cúria provavelmente por *gens*, cada uma das trinta cúrias contando com um voto cada na decisão das questões. Os comícios das cúrias aprovavam ou rejeitavam todas as leis, elegiam todos os altos funcionários, inclusive o *rex* (o chamado rei), declaravam guerra (mas a paz era concluída pelo Senado) e, na qualidade de Supremo Tribunal, julgavam as apelações nos casos de sentença de morte contra cidadão romano.

Finalmente, além do Senado e da Assembleia do Povo, havia o *rex*, correspondendo exatamente ao *basiléus* grego e, de modo algum, a um monarca quase absoluto, como o descreve Mommsen[1]. O *rex* era também chefe militar, sacerdote supremo e presidente de certos tribunais. Não tinha funções civis ou poderes de qualquer espécie sobre a vida, a liberdade e a propriedade dos cidadãos, desde que tais direitos não proviessem de sua condição de chefe militar no exercício de funções disciplinadoras ou de presidente de tribunal no exercício de atribuições judiciárias.

O cargo de *rex* não era hereditário. Pelo contrário, ele era eleito primeiramente pela Assembleia das Cúrias, que escolhia, provavelmente, de acordo com uma proposta de seu predecessor e depois, numa segunda assembleia, solenemente empossado. Também podia ser deposto, como prova, o que aconteceu a Tarquínio, o Soberbo.

Tal como os gregos da época dos heróis, os romanos no tempo dos chamados reis viviam, portanto, numa democracia militar baseada nas *gens*, nas *fratrias* e nas tribos, desenvolvida a partir delas. Embora as cúrias e as tribos possam ter sido, em parte, formadas artificialmente, nem por isso deixavam de estar constituídas de acordo com o modelo genuíno e natural da sociedade da qual se originaram, modelo que ainda as envolvia por toda a parte. É certo, também, que a nobreza patrícia, surgida naturalmente, já ganhara terreno, e os *reges* tratavam de, pouco a pouco, estender suas atribuições, mas isso não muda em nada o caráter inicial dessa constituição – e é só isso que nos importa.

Entretanto, a população da cidade de Roma e do território romano, ampliado pelas conquistas, ia crescendo, em parte por causa da imigração, em parte pela integração de habitantes das

[1] O termo latino rex é a céltico-irlandesa righ (chefe de tribo) e a gótica reiks. Significava o mesmo que antigamente o Furst alemão (em inglês first, em dinamarquês förste, isto é, primeiro), chefe de gens ou de tribo. Comprova-o o fato de que os godos já no século VI tinham uma palavra especial para designar o rei de tempos posteriores, chefe militar de todo um povo: thiudans. Na tradução da Bíblia de Ulfilas, Artaxerxes e Herodes nunca são chamados reiks e sim thiudans e o império de Tibério nunca é dito reiki, mas thiudanassus. Ambos os designativos confluíram para a única palavra gótica thiudans ou, como traduzimos de modo inexato o nome do rei Thiudareiks, Theodoric, em alemão Dietrich (Nota de Engels).

regiões submetidas, na maioria, povos latinos. Todos esses novos súditos do Estado (deixando de lado a questão dos clientes) viviam fora das antigas *gens*, cúrias e tribos e, por conseguinte, não faziam parte do *populus romanus*, do povo romano propriamente dito. Eram pessoalmente livres, podiam possuir terras, estavam obrigados a pagar impostos e sujeitos ao serviço militar. Não podiam, contudo, ocupar cargos públicos, tomar parte nos comícios das cúrias ou beneficiar-se da distribuição das terras conquistadas pelo Estado. Formavam a plebe, excluída de todos os direitos públicos. Pelo constante aumento de seu número, pela própria instrução militar que recebiam e por seu armamento, acabaram por se converter numa força ameaçadora para o antigo *populus*, agora totalmente fechado para todo novo elemento vindo de fora. A isso se acresce o fato de que a posse da terra parece ter sido repartida com certo equilíbrio entre o *populus* e a plebe, mas a riqueza comercial e industrial, ainda que pouco desenvolvida, pertencia predominantemente à plebe.

Em vista das trevas que envolvem a história lendária de Roma – trevas tornadas mais densas pelos ensaios racionalistas e pragmáticos de interpretação e pelos relatos posteriores que nos servem de fonte e em virtude de escritores com formação jurídica – é impossível dizer algo de concreto a respeito do tempo, do decurso e das circunstâncias da revolução que acabou com a antiga organização gentílica. O que se sabe, ao certo, é que suas causas estão ligadas aos conflitos entre a plebe e o *populus*.

A nova constituição, atribuída ao *rex* Sérvio Túlio, é baseada em modelos gregos, sobretudo em Sólon. Ela criou uma nova Assembleia do Povo, na qual eram admitidos ou não, sem distinção, os indivíduos do *populus* e da plebe, segundo tivessem ou não prestado o serviço militar. Toda a população masculina sujeita às obrigações militares ficou dividida em seis classes, conforme a riqueza. As posses mínimas para cada uma das cinco primeiras classes eram: 100.000 asses para a primeira, 75.000 para a segunda, 50.000 para a terceira, 25.000 para a quarta e 11.000 para a quinta, cifras que, segundo Dureau de la Malle, correspondem respectivamente a 14.000, 10.500, 7.000, 3.600 e 1.570 marcos. A sexta classe, a dos proletários, era constituída pelos menos abastados e por aqueles que estavam isentos do serviço militar e dos impostos.

Na nova assembleia popular dos comícios das centúrias (*comitia centuriata*), os cidadãos estavam dispostos por ordem militar, formados por companhias de cem homens, cada uma das quais tinha um voto. A primeira classe, porém, fornecia 80 centúrias, a segunda 22, a terceira 20, a quarta 22, a quinta 30 e a sexta, por mera formalidade, 1 centúria. Além dessas, havia 18 centúrias formadas por cavaleiros, isto é, pelos cidadãos mais ricos. No total, as centúrias eram 193. Para se obter maioria, eram requeridos 97 votos. Ora, os cavaleiros e a primeira classe juntos dispunham de 98 votos e, portanto, só eles asseguravam a maioria. Quando estavam de acordo, sequer consultavam as outras classes e, sem o concurso das outras, tornavam as resoluções definitivas.

Por essa nova assembleia transitaram todos os direitos políticos da assembleia anterior das cúrias (salvo alguns puramente nominais). Desse modo, como aconteceu em Atenas, as cúrias e as *gens* que as compunham viram-se rebaixadas à condição de simples associações privadas e religiosas e, sob essa forma, vegetaram ainda por muito tempo, enquanto que a Assembleia das Cúrias não tardou em cair no completo esquecimento. Para excluir também do Estado as três primitivas tribos gentílicas, foram criadas quatro tribos territoriais, cada uma delas residindo num determinado distrito da cidade e tendo uma série de direitos políticos definidos.

Assim foi destruída em Roma, antes da supressão do cargo de *rex*, a antiga ordem social fundamentada nos vínculos de sangue. Uma nova organização a substituiu, uma efetiva constituição estatal, baseada na divisão territorial e na diferença de riqueza. A força pública aqui era formada pelo conjunto dos cidadãos sujeitos ao serviço militar, opondo-se não somente aos escravos, mas também aos proletários, excluídos do serviço militar e impedidos de usar armas.

A nova organização teve novo impulso em seu desenvolvimento com a expulsão do último *rex*, Tarquínio, o Soberbo, usurpador de poderes realmente imperiais, e com a substituição do *rex* por dois comandantes militares (cônsules) dotados de iguais poderes (como entre os iroqueses). Dentro dessa nova constituição, segue seus passos toda a história da república romana, com suas lutas entre patrícios e plebeus pelo acesso aos cargos públicos, pela participação na distribuição de terras do Estado, até a dissolução final da nobreza patrícia na nova classe dos grandes proprietários de dinheiro e de terras. Esses absorveram aos poucos toda a propriedade rural dos camponeses arruinados pelo serviço militar, passaram a cultivar, com escravos, os imensos latifúndios assim formados, despovoaram a Itália e, desse modo, abriram a porta não apenas para o império como também para seus sucessores, os bárbaros germânicos.

Capítulo VII

A *Gens* entre os celtas e entre os Germânicos

A falta de espaço nos impede de tratar mais detalhadamente as instituições gentílicas ainda hoje existentes, em forma mais ou menos pura, entre diversos povos selvagens e bárbaros ou seus vestígios na história primitiva dos povos asiáticos civilizados. Uns e outros são encontrados em toda parte. Serão suficientes alguns exemplos.

Ainda antes de a *gens* ser bem conhecida, McLennan, o homem que mais se esforçou para não compreendê-la, acabou por comprová-la e descreveu com a maior exatidão sua existência entre os *kalmucos*, os *cherkeses*, os *samoyedos* e, entre três povos da Índia, os *waralis*, os *magars* e os *munipuris*. Mais recentemente, Maxim Kovalevski a descobriu e a descreveu entre os *pschavos*, os *khevsuros*, os *svanetos* e outras tribos do Cáucaso. Aqui vamos nos limitar a umas breves notas sobre a *gens* entre os celtas e os germânicos.

As mais antigas leis dos celtas que chegaram até nossos dias mostram-nos ainda a *gens* em toda sua vitalidade. Na Irlanda ainda sobrevive, pelo menos instintivamente, na consciência popular, depois que os ingleses a destruíram pela força. Na Escócia, em meados do século XVIII, ainda estava em pleno florescimento e também aqui só morreu por obra das leis, dos tribunais e das armas inglesas.

As antigas leis do País de Gales, escritas vários séculos antes da conquista inglesa, o mais tardar no século XI, mostram ainda o cultivo da terra em comum por aldeias inteiras, embora apenas por exceção, como vestígio de um costume geral anterior. Cada família tinha cinco acres de terra para seu cultivo particular. Além desses, cultivava-se um campo em comum e a colheita resultante era repartida. A semelhança com a Irlanda e a Escócia não deixa margem para dúvidas quanto a serem essas comunidades rurais *gens* ou subdivisões de *gens*, ainda que não o prove diretamente um novo exame das leis galesas, para o qual me falta tempo (minhas anotações remontam ao ano de 1869). Aquilo que as fontes galesas e irlandesas comprovam, porém, e de maneira direta, é que no século XI o casamento pré-monogâmico ainda não tinha sido de todo substituído pela monogamia entre os celtas. No País de Gales, o casamento só se tornava indissolúvel, ou melhor, irrevogável, ao cabo de sete anos de convivência. Mesmo que faltassem apenas três noites para completar esses sete anos, os esposos podiam separar-se.

Nesse caso, repartiam-se os bens. A mulher fazia a divisão e o homem escolhia primeiro. Os móveis eram repartidos segundo regras muito engraçadas. Se fosse o homem quem rompia, tinha de devolver à mulher o dote dela e alguma coisa mais, mas se fosse a mulher a fazê-lo, ela recebia menos. Dos filhos, o homem ficava com dois e a mulher com um, o filho do meio. Se a mulher, depois da separação, casasse de novo e o primeiro marido fosse buscá-la de novo, não consumado ainda o segundo casamento, a mulher era obrigada a voltar ao lar anterior, mesmo que já tivesse um pé no novo leito conjugal. Mas se duas pessoas vivessem juntas durante sete anos, tornavam-se automaticamente marido e mulher, independentemente de qualquer formalidade matrimonial. A castidade das jovens antes do casamento não era de forma nenhuma rigorosamente seguida ou exigida. As determinações a esse respeito eram de natureza demasiado frívola e de modo algum como moral burguesa. Se uma mulher cometesse adultério, o marido tinha direito de espancá-la (esse era um dos três casos em que lhe era permitido fazê-lo; nos demais, incorria numa pena), mas não podia exigir depois qualquer outro desagravo porque "para a mesma ofensa poderá haver castigo ou vingança, mas nunca as duas coisas juntas".

Os motivos pelos quais a mulher podia exigir o divórcio sem perder seus direitos eram muitos e dos mais diversos tipos. Bastava que o marido tivesse mau hálito. O resgate pelo direito da primeira noite (*gobr merch*, e daí o nome medieval *marcheta*, em francês *marquette*) pago ao chefe da tribo ou rei desempenha um importante papel no Código. As mulheres tinham direito de voto nas assembleias populares. Acrescenta-se que na Irlanda existiam condições análogas. Os casamentos temporários eram muito comuns e, em caso de separação, garantiam-se à mulher privilégios bem definidos e até mesmo uma indenização por seus serviços domésticos. Ali também aparece uma "primeira esposa" ao lado de outras e, na divisão de heranças, não era feita qualquer distinção entre filhos legítimos e ilegítimos. Temos, assim, a imagem de um casamento pré-monogâmico; comparado a esse último, o sistema de casamento vigente entre os índios norte-americanos parece rigoroso. Mas isso não deve surpreender no século XI, num povo que, no tempo de César (século I antes de nossa era), ainda vivia em casamento por grupos.

A *gens* irlandesa (*sept* – a tribo era *clainne* ou clã) é confirmada e descrita não só nos antigos livros de leis, mas também nos livros dos juristas ingleses que visitaram esse país no século XVII, com o propósito de transformar as terras dos clãs em domínios do rei da Inglaterra. Até esses últimos tempos, a terra ainda era propriedade coletiva dos clãs ou das *gens*, exceto onde os chefes já a tinham convertido em propriedade privada deles. Quando morria um membro da *gens* e por essa morte se extinguia uma economia doméstica, o chefe da *gens* (chamado *caput cognationis* pelos juristas ingleses) promovia uma redistribuição da terra entre as restantes economias domésticas. Em geral, essa redistribuição deve ter-se processado segundo as regras em vigor na Alemanha. Em algumas aldeias, contudo, – que eram muito numerosas há quarenta ou cinquenta anos – os campos são distribuídos por um sistema denominado *rundale*.

Os camponeses exploram as terras individualmente e pagam pelo arrendamento ao conquistador inglês. Antes, a terra era propriedade comum, mas não continuou assim porque os ingleses a usurparam. Os camponeses juntam todas as terras aráveis e prados de todos os lotes e as dividem segundo sua localização e qualidade em *"Gewanne"*, como são chamadas às margens do Mosela, e cada um recebe sua parte em cada *"Gewann"*. As terras pantanosas e as pastagens são utilizadas em comum.

Ainda há cinquenta anos, a redistribuição era feita de tempos em tempos e, por vezes, anualmente. O mapa dos campos de uma dessas aldeias *rundale* tem exatamente o mesmo aspecto do de uma comunidade rural alemã (*Gehöferschaft*) das margens do Mosela ou do Hochwald. A *gens* sobrevive também nas *"factions"* (facções). Os camponeses irlandeses dividem-se frequentemente em grupos, com base em diferenças aparentemente sem sentido ou absurdas aos olhos dos ingleses. Esses grupos parecem ter por objetivo apenas o popular esporte de aplicar solenes surras um ao outro. São reencarnações artificiais, compensações póstumas para as *gens* desfeitas que, a seu modo, demonstram a continuação do espírito gentílico herdado. Aliás, em algumas áreas, os membros de uma mesma *gens* permanecem no território que, praticamente, é o que foi de seus antepassados. Assim, por exemplo, na década de 1830, a grande maioria dos habitantes do condado de Monaghan tinha apenas quatro sobrenomes, isto é, descendia só de quatro *gens* ou clãs [1].

....

[1] Durante alguns dias passados na Irlanda, pude verificar novamente como a população rural vive aí com as ideias dos tempos da gens. O proprietário de terras, de quem o camponês é arrendatário, é considerado por esse como uma espécie de chefe de clã que deve administrar a terra em benefício de todos e a quem o camponês tem de pagar um tributo pelo arrendamento, mas de quem deve igualmente receber apoio em caso de necessidade. E de igual modo, considera-se que os mais abastados têm o dever de socorrer seus vizinhos mais pobres, quando esses caem na miséria. Esse auxílio não se configura como esmola, mas corresponde a um direito do mais pobre com relação a seu companheiro de clã mais rico ou ao chefe do clã. Compreende-se a queixa dos economistas e juristas acerca da impossibilidade de inculcar no camponês irlandês o conceito de propriedade burguesa moderna. Uma propriedade que só tem direitos, mas não tem deveres, isso não entra na cabeça do irlandês. Mas também se compreende como os irlandeses que, com essas ingênuas concepções gentílicas, são de repente transplantados nas grandes cidades inglesas ou americanas, no meio de uma população com concepções jurídicas e morais totalmente diferentes, acabam por se confundir facilmente e por se desnortear completamente em seus critérios de moral e direito, perdem todo ponto de apoio e se tornam frequentemente vítimas em massa da desmoralização(Nota de Engels à 4º edição).

Na Escócia, a decadência da ordem gentílica data da época em que foi reprimida a insurreição de 1745. Falta investigar ainda qual é o papel desempenhado pelo clã escocês dentro dessa ordem porque não há dúvida de que é um papel importante. Nos romances de Walter Scott revive-se esse antigo clã da Alta Escócia diante dos olhos dos leitores.

Morgan diz que ele é "um exemplar perfeito da *gens*, em sua organização e em seu espírito, e uma extraordinária ilustração de como a vida da *gens* afeta a de seus membros. Em suas contendas e vinganças de sangue, na partilha da terra entre os clãs, na exploração coletiva das terras, na fidelidade dos membros do clã ao chefe e aos companheiros, voltamos a encontrar os traços característicos da sociedade baseada na *gens* [...] A descendência era por linha paterna, de modo que os filhos dos homens permaneciam nos clãs destes e não nos de suas mães".

Que anteriormente, porém, reinava na Escócia o direito materno, comprova o fato de que na família real dos Picts vigorava, segundo Beda, a herança por linha feminina. Também se conservou, até a Idade Média, entre os escoceses, bem como entre os galeses, um vestígio da família punaluana, consistindo no direito de o chefe do clã ou o rei poder exercer a primeira noite com toda recém-casada no dia das núpcias, na qualidade de último representante dos maridos comuns de outros tempos, caso a mulher não tivesse sido resgatada mediante pagamento.

É indubitável que os germânicos estavam organizados em *gens*, até a época das grandes migrações dos povos. Eles ainda não ocupavam evidentemente as terras entre o Danúbio, o Reno, o Vístula e os mares do norte e só o fizeram alguns séculos antes da era cristã. Os cimbros e os teutões estavam ainda em plena migração e os suevos só se estabeleceram em lugares fixos nos tempos de César. Destes, César diz expressamente que estavam organizados por *gens* e por estirpes (*gentibus cognationibusque*) e essa palavra *gentibus*, na boca de um romano da *gens* Júlia, tem um significado claríssimo e bem preciso. Isso se aplicava a todos os germânicos. Mesmo nas províncias conquistadas pelos romanos, parece que a organização ainda era a gentílica.

No Direito Consuetudinário Alamano consta que o povo se

estabeleceu por *gens* (*genealogiae*) nos territórios conquistados ao sul do Danúbio. A palavra *genealogia* é empregada no mesmo sentido das expressões posteriores associação de marca (*Markgenossenschaft*) e comunidade rural (*Dorfgenossenschaft*). Recentemente, Kovalevski formulou a opinião de que essas *genealogiae* seriam grandes comunidades domésticas entre as quais a terra era dividida e das quais saíram mais tarde as comunidades rurais. O mesmo pode ser dito a respeito da *fara*, termo com o qual os burgundos e os longobardos – duas tribos, uma de origem gótica, outra alto-alemã – designavam, talvez com exatidão, o que o Direito Consuetudinário Alamano chamava de *genealogia*. Se a comunidade doméstica aqui referida seria uma *gens*, é algo para ser pesquisado ainda.

Os documentos filológicos não resolvem nossas dúvidas, sobretudo se entre todos os germânicos havia uma denominação comum para *gens* e qual seria. Etimologicamente, ao grego *génos* e ao latim *gens* correspondem o gótico *kuni* e o médio alto-alemão *kunne*, todos usados no mesmo sentido. O que nos recorda os tempos do direito materno é o fato de os termos designativos de mulher derivarem da mesma raiz: em grego *gyne*, em eslavo *jena*, em gótico *qvino*, em norueguês antigo *kona, kuna*. Conforme dissemos, entre os burgúndios e os longobardos, encontramos a palavra *fara* que Grimm faz derivar da raiz hipotética *fisan* (engendrar). De minha parte, preferiria partir da derivação mais palpável de *faran, fahren,* marchar, viajar, deslocar-se, para designar um agrupamento compacto de migração, formado naturalmente por parentes. Essa designação, no transcurso de vários séculos de migração, primeiro para o leste e depois para o oeste, pôde ser aplicada, gradualmente, à própria *gens*. Mais adiante, temos o gótico *sibja*, o anglo-saxão *sib*, o antigo alto-alemão *sippia, sippa, Sippe* (estirpe). O escandinavo antigo ocorre apenas o plural *sifjar* (os parentes); o singular subsiste apenas como nome de uma deusa, *Sif*. Por fim, achamos ainda outra expressão em *Hildebrandslied*, quando Hildebrando pergunta a Hadubrando: "Quem era teu pai entre os homens do povo [...] ou de que *gens* és?" (*Eddo huêlîhhes cnuosles du sîs*).

Se existiu um nome geral germânico para a *gens*, deve ter sido o gótico *kuni*. Atestam-no não só a identidade com o termo correspondente nas línguas aparentadas, mas também a circunstância de que dele deriva a palavra *kuning, König* (rei), que originalmente significava chefe de *gens* ou de tribo. *Sibja, Sippe* (estirpe) pode, ao que parece, ser deixada de lado e *sifiar*, em escandinavo, não apenas significa parentes consanguíneos como, ainda, parentes por afinidade e, portanto, compreende pelo menos os membros de duas *gens*. Assim, *sif* não é um sinônimo de *gens*.

Como entre os mexicanos e os gregos, assim também entre os germânicos, a ordem de batalha, quer se tratasse de esquadrão de cavalaria, quer de coluna de infantaria em forma de cunha, era integrada por corporações gentílicas. Quando Tácito diz "por famílias e estirpes", essa expressão vaga é explicável pelo fato de que, em sua época, havia já muito tempo que a *gens* deixara de ser em Roma uma associação viva.

Decisiva é a passagem de Tácito na qual se diz que o irmão da mãe considera seu sobrinho como se fosse seu filho e alguns sustentam até ser mais estreito e sagrado o vínculo de sangue entre tio materno e sobrinho do que entre pai e filho, de modo que, quando se exigem reféns, o filho da irmã é considerado uma garantia muito maior do que o próprio filho daquele a quem se quer vincular. Temos aqui uma reminiscência viva da *gens* organizada segundo o direito materno, isto é, da *gens* primitiva, e que é descrita como algo que distingue particularmente os germânicos.[2]

Se um membro de uma *gens* desse tipo entregasse seu próprio filho como garantia de um compromisso assumido e se esse filho fosse vítima da violação do tratado por parte de seu pai, o pai não tinha de prestar contas a ninguém. Mas se se tratasse do filho de

---

[2] A natureza particularmente estreita dos laços entre tio materno e sobrinho, que remonta aos tempos do direito materno e que aparece em muitos povos, é conhecida pelos gregos apenas na mitologia dos tempos dos heróis. Segundo Diodoro (IV, 34), Meleagro mata os filhos de Téstio, irmãos de sua mãe Alteia. Essa vê nesse ato um crime tão imperdoável que amaldiçoa o assassino, seu próprio filho, desejando-lhe a morte. "Conta-se que os deuses ouviram seus clamores e puseram fim à vida de Meleagro." Segundo o mesmo Diodoro (IV, 44), os argonautas desembarcaram na Trácia, comandados por Hércules, e ali descobriram que Fineu, instigado por sua nova mulher, maltratava vergonhosamente seus dois filhos que tivera da primeira mulher, Cleópatra, a boréada, que ele havia repudiado. Entre os argonautas havia também alguns boréadas, irmãos de Cleópatra, e portanto, tios das crianças maltratadas. Vieram logo em auxílio dos sobrinhos, libertaram-nos e mataram seus guardas" (Nota de Engels).

uma irmã que fosse a vítima, violava-se o mais sagrado direito da *gens*. O parente gentílico mais próximo, a quem incumbia, antes de todos os outros, a proteção do menino ou rapaz, era considerado como culpado de sua morte. Não devia tê-lo entregue como penhor ou então tinha de cumprir o tratado. Se não encontrássemos qualquer outro vestígio da *gens* entre os germânicos, esta única passagem seria prova suficiente.

Mais decisiva ainda, por ser de uns oitocentos anos depois, é uma passagem da Völuspâ, antigo canto escandinavo sobre o crepúsculo dos deuses e o fim do mundo. Nessa "visão da profetisa", na qual, como foi demonstrado por Bang e Bugge, aparecem inseridos também elementos germânicos e na qual se diz, na descrição do tempo da degeneração e corrupção geral, prelúdio da grande catástrofe:

Broedhr munu berjask
ok at bönum verdask;
munu systrungar
sifjum spilla.

"Os irmãos combater-se-ão e assassinar-se-ão uns aos outros, os filhos de irmãs romperão a estirpe."

Systrungar quer dizer que filho da irmã da mãe e o repúdio a essa vinculação por parte de filhos de duas irmãs eram considerados pelo poeta como algo mais grave do que o crime de fratricídio. Esse agravamento é expresso pela palavra *systrungar*. Se, em vez dessa palavra, se usasse *syskina-born* (filhos e filhas de irmãos e irmãs) ou *syskina-synir* (filhos de irmãos e irmãs), o segundo verso não representaria em relação ao primeiro um agravamento, mas sim uma atenuação. Assim, mesmo no tempo dos vikings, quando a Völuspâ foi composta, a recordação do direito materno subsistia na Escandinávia.

De resto, já nos tempos de Tácito, pelo menos entre os germânicos, que ele conheceu mais de perto, o direito materno tinha sido substituído pelo paterno. Os filhos herdavam do pai e, na falta deles, herdavam dos irmãos e dos tios, de linha materna ou paterna. A admissão do irmão da mãe à herança está ligada à sobrevivência do costume que acabamos de citar e prova igualmente como era recente ainda o direito paterno entre os germânicos. Encontram-se também vestígios do direito paterno, mesmo mais tarde, em plena Idade Média. Parece que naquela época não se confiava muito ainda na paternidade, especialmente entre os servos. Assim, quando um senhor feudal reclamava a uma cidade algum servo seu fugido (por exemplo, em Augsburgo, Basileia e Kaiserslautern), era necessário que a condição civil do mesmo fosse confirmada sob juramento por seis de seus mais próximos parentes consanguíneos, e todos exclusivamente por linha materna (Maurer, *Städteverfassung*, p. 381).

Outra reminiscência do direito materno em extinção era o respeito, quase incompreensível para os romanos, que os germânicos devotavam ao sexo feminino. As jovens das famílias nobres eram tidas como as reféns mais seguras nos tratados com os germânicos. A ideia de que suas mulheres e suas filhas pudessem permanecer cativas ou ser transformadas em escravas era para eles realmente terrível e era aquilo, mais que qualquer outra coisa, que estimulava sua coragem nas batalhas. Consideravam a mulher como sagrada e com dons proféticos e prestavam atenção aos conselhos delas, inclusive nos assuntos mais importantes. Assim, Veleda, a sacerdotisa bructeriana das margens do Lippe, foi a alma da insurreição batava, em que Civilis, à frente dos germânicos e dos belgas, abalou toda a dominação romana nas Gálias. Na casa, a autoridade da mulher parece indiscutível. É certo que lhe competia todo o trabalho, para o qual ela contava apenas com a ajuda dos velhos e das crianças, enquanto os homens em idade viril caçavam, bebiam ou não faziam nada. Assim diz Tácito. Mas, como não diz quem lavrava a terra e declara expressamente que os escravos se limitavam a pagar um tributo, sem realizar qualquer serviço, omite provavelmente que o pouco trabalho exigido pelo cultivo da terra tinha de ser realizado pelos homens adultos.

Como foi dito há pouco, sua forma de casamento era o pré-monogâmico, aproximando-se gradualmente da monogamia. Não era ainda uma monogamia estrita, pois aos grandes era permitida a poligamia. Em geral, dava-se muita importância à castidade das jovens (ao contrário do que se passava entre os celtas) e

Tácito fala com verdadeiro entusiasmo da indissolubilidade dos laços conjugais entre os germânicos. Indica o adultério por parte da mulher como razão única que podia levar ao divórcio. Mas seu relato a respeito tem muitas lacunas e, além disso, revela demasiadamente a intenção de mostrar aos devassos romanos o espelho das virtudes. O que há de certo é que, se os germânicos em suas florestas eram esses notáveis exemplos de virtude, bastou um reduzido contato com o mundo exterior para baixarem até o nível do restante dos europeus. Introduzidos no mundo romano, os últimos vestígios da rigidez dos costumes desapareceram muito mais rapidamente que a língua germânica. Basta ler Gregório de Tours. Está claro que nas florestas virgens da Germânia não podiam imperar, como em Roma, os excessos refinados dos prazeres sensuais e, portanto, também nesse aspecto, eles guardavam uma certa superioridade de costumes em relação aos romanos. Nem por isso, contudo, devemos atribuir-lhes, no aspecto sexual, uma abstinência que jamais prevaleceu como regra em povo algum.

Da organização da *gens* proveio a obrigação de herdar tanto as amizades como as inimizades do pai ou dos parentes e também a multa (*Wergeld*) em lugar da vingança de sangue por homicídio ou lesão corporal. Ainda uma geração atrás, esse *Wergeld* era considerado uma instituição especificamente germânica, mas hoje está comprovado que subsistia em centenas de povos como uma forma atenuada da vingança pelo sangue, característica da *gens*. É encontrada, juntamente com a obrigação da hospitalidade, entre os índios da América. Aliás, a descrição da maneira como os germânicos exerciam a hospitalidade (Tácito, *Germania*, cap. 21) coincide, quase em seus pormenores, com a descrição de Morgan referente aos índios.

Hoje pertencem ao passado as acaloradas e intermináveis discussões quanto aos germânicos de Tácito, especialmente se eles tinham repartido definitivamente as terras cultiváveis e como deveriam ser interpretadas as passagens referentes a esse assunto. Desde que se demonstrou que em quase todos os povos existiu o cultivo da terra em comum pela *gens*, e mais tarde pela comunidade familiar comunista, o que César já constatara entre os suevos (*De Bello Gallico*, IV, 1), assim como a posterior divisão da terra pelas famílias individuais, com redistribuição periódica, desde que se comprovou que essa redistribuição periódica das terras cultiváveis foi mantida, em certos lugares da Alemanha, até nossos dias, não vale a pena desperdiçar mais palavras com relação a isso.

Se nos 150 anos que decorreram até Tácito, os germânicos passaram do cultivo da terra em comum, que César atribui expressamente aos suevos (não há entre eles, diz, campos privados ou divididos), ao cultivo individual com redistribuição anual do solo, isso é um grande progresso, sem dúvida, mas acreditamos ser impossível a transição daquela fase para a plena propriedade privada do solo, sem qualquer intervenção estranha, num período tão breve. Assim, limito-me a ler em Tácito (*op. cit.*, cap. 26) apenas estas palavras: "Trocam (ou distribuem de novo) todos os anos as terras cultivadas e, ao fazê-lo, sobram ainda muitas terras comuns." Essa é a etapa da agricultura e da apropriação do solo que corresponde exatamente à organização gentílica do tempo dos germânicos.

Deixo o parágrafo anterior inalterado, como se encontra nas três edições precedentes. A questão passou a apresentar-se de outra forma. Desde que Kovalevski (ver mais acima) demonstrou a existência, muito difundida senão geral, da comunidade doméstica patriarcal como fase intermediária entre a família comunista matriarcal e a família individual moderna, já não se discute, como ocorreu desde Maurer até Waitz, se a propriedade do solo era coletiva ou particular, mas se debate sobre qual era a forma da propriedade comum.

Não resta qualquer dúvida de que entre os suevos existia, nos tempos de César, não só a propriedade coletiva da terra, como também o cultivo dessa em comum. Ainda se haverá de discutir por muito tempo se a unidade econômica era a *gens* ou a comunidade doméstica ou um grupo consanguíneo comunista intermediário entre as duas ou ainda, se os três grupos coexistiam, conforme as condições do solo. Kovalevski, contudo, afirma que a situação descrita por Tácito não pressupunha uma comunidade rural ou marca, mas uma comunidade doméstica. Só a partir desta última se teria então, muito mais tarde, desenvolvido, como consequência do aumento de população, a comunidade rural.

De acordo com essa opinião, as colônias dos germânicos nos territórios por eles ocupados no tempo dos romanos, tal como no território mais tarde tomado pelos romanos, não seriam constituídas por aldeias, mas por grandes comunidades familiares que compreendiam várias gerações e nas quais se cultivavam uma extensão de terras correspondente ao número de seus membros, deixando incultas as terras que serviam de limites com as propriedades vizinhas.

A passagem de Tácito referente à troca de terras cultivadas deveria ser, de fato, entendida no sentido agronômico, já que a comunidade cultivava a cada ano certa extensão de terra e deixava em repouso ou até completamente abandonadas as terras cultivadas no ano anterior. Considerando a reduzida densidade da população, havia sempre terras sobrando, de modo que as disputas quanto à posse de terras se tornavam desnecessárias. Só alguns séculos mais tarde, quando o número de seus membros cresceu a tal ponto que já não era possível o trabalho comum nas condições de produção da época, é que elas se teriam dissolvido. Os campos e os prados, até então comuns, teriam sido divididos da maneira como já se conhece, a princípio temporária e depois em definitivo, entre as famílias individuais que se formavam, ao passo que continuavam sendo de aproveitamento comum as florestas, as pastagens e as águas.

Quanto à Rússia, esse processo evolutivo parece de todo demonstrado historicamente. No tocante à Alemanha e, em segundo lugar, aos demais países germânicos, não se pode negar que em muitos aspectos essa é a hipótese que melhor esclarece as fontes e mais facilmente resolve as dificuldades encontradas até aqui para acatar a hipótese que faz remontar ao tempo de Tácito a comunidade rural. Os documentos mais antigos, por exemplo o *Codex Laureschamensis* (do século XII), explicam-se muito melhor com a comunidade de famílias do que com a comunidade rural ou marca. Por outro lado, essa hipótese traz outras dificuldades e novos problemas que exigem solução. Nesse ponto, só investigações posteriores podem permitir uma decisão. No entanto, não posso negar que, como grau intermediário, a comunidade familiar tem muitas probabilidades em seu favor na Alemanha, na Escandinávia e na Inglaterra.

Enquanto na época de César os germânicos mal tinham chegado, e em parte, a se estabelecer em locais fixos, no tempo de Tácito já se encontravam estabelecidos há um século inteiro. Correspondendo a isso, é inegável o progresso na produção dos meios de subsistência. Viviam em casas construídas com troncos, seu vestuário era ainda bastante primitivo, próprio de habitantes da floresta: um grosseiro manto de lã, peles de animais e túnicas de linho para as mulheres e para as pessoas de destaque. Sua alimentação se compunha de leite, carne, frutas silvestres e, como acrescenta Plínio (*Naturalis Historia*, 18, 17), papas de farinha de aveia (ainda hoje, prato nacional celta na Irlanda e na Escócia).

Sua riqueza consistia no gado, mas de raça inferior. Os bois eram pequenos, de má aparência, sem chifres, e os cavalos eram pequenos pôneis, maus corredores. O dinheiro era pouco, só existia a moeda romana, e pouco usado. Não trabalhavam o ouro nem a prata, nem lhes davam valor. O ferro era raro e, pelo menos nas tribos do Reno e do Danúbio, parece que era todo importado e não extraído por eles. Os caracteres rúnicos (imitando letras gregas ou latinas) constituíam um código secreto e era usado apenas para a magia religiosa. Ainda estavam em uso sacrifícios humanos. Em resumo, era um povo que havia acabado de ultrapassar a linha que separa a fase média da fase superior da barbárie.

É inegável, contudo, que ao contrário do que se passou com as tribos cujos territórios confinavam com os dos romanos, que tinham as maiores facilidades para importar produtos da indústria romana, as tribos do nordeste, das margens do Mar Báltico, acabaram desenvolvendo uma indústria própria, metalúrgica e têxtil. As armas de ferro encontradas nos pântanos da Silésia – uma longa espada de ferro, uma cota de malha, um elmo de prata, etc., com moedas romanas de fins do século II – e os objetos metálicos de fabricação germânica difundidos pelas grandes migrações, mostram um tipo de artesanato muito característico e de uma perfeição incomum, mesmo quando, de início, imitavam modelos romanos.

A emigração para o império romano civilizado pôs fim em toda parte a essa indústria indígena, exceto na Inglaterra. Os adornos de bronze, por exemplo, mostram como essa indústria surgiu e se desenvolveu uniformemente. Os exemplares encontrados na Burgúndia, na Romênia e nas margens do Mar de Azov poderiam ter saído da mesma oficina que saíram os adornos ingleses e suecos e são, sem nenhuma dúvida, de origem germânica.

A organização dos germânicos corresponde, igualmente, à fase superior da barbárie. Segundo Tácito, havia em geral o conselho dos chefes (*príncipes*) que decidia sobre assuntos menos importantes e preparava os mais importantes para apresentá-los à votação pela Assembleia do Povo. Essa última, na fase inferior da barbárie – pelo menos entre os americanos, na qual pudemos encontrá-la – existe somente para a *gens* e não para a tribo ou para a federação de tribos. Os chefes (*príncipes*) ainda se distinguem claramente dos comandantes militares (*duces*), exatamente como entre os iroqueses. Os primeiros vivem já, em parte, de presentes honoríficos em gado e cereais, oferecidos pelos membros da tribo. Assim como na América, são eleitos na maioria das vezes de uma mesma família. Assim como na Grécia e em Roma, a transição para o direito paterno favorece a transformação progressiva da eleição em direito hereditário e, desse modo, a formação de uma família nobre em cada *gens*. A maior parte dessa velha nobreza dita tribal desapareceu, na maioria dos casos, com as grandes migrações dos povos ou pouco depois delas.

Os chefes militares passaram a ser escolhidos apenas de acordo com sua capacidade, independentemente de sua ascendência. Tinham pouco poder e deveriam agir sobretudo por meio do exemplo. Tácito atribui expressamente o verdadeiro poder disciplinar no exército aos sacerdotes. O poder efetivo, na realidade, residia na Assembleia do Povo, presidida pelo rei ou chefe da tribo. O povo decidia: murmurando manifestava desaprovação e aclamando e fazendo barulho com as armas demonstrava aprovação. A assembleia popular era também tribunal de justiça. Perante ela, eram apresentadas as queixas para serem julgadas, ela decidia sobre sentenças de morte, aplicadas apenas nos casos de covardia, traição contra o povo e vícios antinaturais. Nas *gens* e em outras subdivisões, igualmente, é a coletividade presidida por seu chefe que ministra a justiça. O chefe, como nos primitivos tribunais germânicos, nunca pôde ser mais do que dirigente do processo e interrogador. Entre os germânicos, a sentença, sempre e em toda a parte, foi pronunciada pela coletividade.

Desde o tempo de César, haviam-se formado federações de tribos. Em algumas delas já havia reis. Como entre os gregos e os romanos, o supremo comandante dos exércitos começou a aspirar à tirania, logrando-a por vezes. Embora esses usurpadores bem-sucedidos jamais chegassem a exercer um poder absoluto, promoviam um processo de rompimento dos vínculos da organização gentílica. Enquanto, em outros tempos, os escravos libertos ficavam numa condição social inferior, em virtude de não poderem ser integrados em *gens* alguma, com os novos reis apareceram escravos favoritos, que chegavam frequentemente a conseguir altos postos, riquezas e honrarias.

O mesmo aconteceu depois da conquista do império romano, quando os chefes militares passaram a exercer um poder soberano sobre vastos territórios. Entre os francos, os escravos e os libertos do rei desempenharam um grande papel, primeiro na corte e depois no Estado. Em grande parte, a nova nobreza descende deles.

Uma instituição, em especial, favoreceu a instauração da realeza, a dos destacamentos militares organizados por particulares. Já vimos como, entre os peles-vermelhas americanos, paralelamente à organização da *gens*, foram criadas companhias particulares para guerrear por iniciativa própria. Entre os germânicos, essas companhias adquiriram um caráter permanente. Um chefe guerreiro, adquirida grande fama, reunia em torno de si um grupo de jovens ávidos por saques que se comprometiam a ser leais ao chefe, da mesma forma que este o era para com aqueles. Era o chefe quem providenciava o sustento da tropa, distribuía presentes e organizava uma hierarquia. Para expedições menores, formava-se uma escolta e uma tropa ágil e, para as maiores, preparava-se um corpo de oficiais. Por mais fracas que tenham sido essas companhias – como se demonstraram mais tarde; por exemplo, as expedições de Odoacro na Itália – foram, entretanto, o germe da derrocada da antiga liberdade popular, o que pôde ser comprovado durante e após a migração dos povos, uma vez que, primeiro, favoreceram o aparecimento do poder real, mas em segundo lugar, porque, segundo observava Tácito, só se poderiam manter coesas por meio de contínuas guerras e expedições de rapina. A rapina acabou por tornar-se seu fim principal.

Se o chefe da companhia não tinha nada a fazer nas vizinhanças, partia com seus homens para outros povos, onde houvesse guerras e possibilidades de saque. As forças germânicas auxiliares que, sob o estandarte dos romanos, combateram os próprios germânicos, eram em parte compostas de companhias desse tipo. Constituíam o embrião do sistema de *Landsknecht* (servidor do país), vergonha e flagelo dos alemães. Após a conquista do império romano, essas companhias particulares dos reis, juntamente com os servos da corte não livres e romanos, formaram o segundo componente principal da futura nobreza.

Em geral, portanto, as tribos germânicas reunidas em povos têm a mesma organização dos gregos da época dos heróis e dos romanos da chamada época dos reis: Assembleia do Povo, conselho dos chefes de *gens*, comandante do exército que já aspira a um poder real efetivo. Foi a organização mais aperfeiçoada que a *gens* pôde produzir. Foi a organização típica da fase superior da barbárie. Quando a sociedade ultrapassou os limites dentro dos quais essa organização era eficaz e suficiente, a ordem gentílica encontrou seu fim. Ela foi destruída e o Estado ocupou seu lugar.

Capítulo VIII

A FORMAÇÃO DO ESTADO ENTRE OS GERMÂNICOS

Os germânicos eram, segundo Tácito, um povo muito numeroso. César nos dá uma ideia aproximada da população de cada um dos diferentes povos germânicos. Os usipéteros e os têucteros da margem esquerda do Reno seriam 180.000, incluindo as mulheres e as crianças. Cada povo[1], portanto, contava cerca de 100.000 pessoas, número muito mais elevado, por exemplo, que o da totalidade dos iroqueses na época de seu apogeu quando, embora contassem menos de 20.000 pessoas, foram o terror de toda a vasta região compreendida entre os Grandes Lagos e o Ohio e o Potomac. Se tentarmos agrupar, de acordo com os relatos, os povos instalados junto ao Reno, cada um deles ocuparia no mapa mais ou menos a superfície de um departamento prussiano, ou seja, uns 10.000 quilômetros quadrados ou 182 milhas geográficas quadradas. A *Germania Magna* dos romanos,

....
[1] O número aqui admitido é confirmado por uma passagem de Diodoro da Sicília a respeito dos celtas da Gália: "Na Gália, vivem muitos povos de efetivos numéricos desiguais. Entre os maiores, o número de pessoas monta a cerca de 200.000 e, entre os menores, a 50.000." (Diodorus Siculus, V, 25). Tem-se, portanto, como resultado médio, 125.000. Alguns povos gauleses, em virtude de seu maior desenvolvimento, tornaram-se indubitavelmente mais numerosos que os germânicos(Nota de Engels).

porém, que vai até o Vístula, abrange em números redondos 500.000 quilômetros quadrados. Com um número médio de pessoas de 100.000 habitantes para cada povo, o número total para a *Germania Magna* elevar-se-ia a 5 milhões de habitantes, população considerável para um grupo de povos bárbaros, mas extremamente reduzida para nossas condições (10 habitantes por quilômetro quadrado ou 550 por milha geográfica quadrada).

O número dos germânicos que então viviam não se esgota aí. Sabemos que ao longo dos montes Carpatos e descendo até a foz do Danúbio, viviam povos germânicos de origem gótica, como os bastarnos, os peucenos e outros, tão numerosos que Plínio (*Naturalis Historia*, 4, 14) os considera a quinta tribo principal germânica e que já haviam avançado até a região de Adrianópolis ainda nos primeiros anos do império de Augusto, aparecendo já no ano 180 antes de nossa era como mercenários do rei macedônio Perseu. Suponhamos que fossem apenas um milhão e assim teríamos, no princípio de nossa era, um total mínimo provável de 6 milhões de germânicos.

Depois que se estabeleceram em definitivo na Germânia, a população cresceu cada vez mais rapidamente. Provam isso os progressos industriais mencionados acima. Os objetos descobertos nos pântanos da Silésia são do século III, a julgar pelas moedas romanas encontradas junto aos mesmos. Assim, nessa época, portanto, já existia nas margens do Báltico uma indústria metalúrgica e têxtil desenvolvidas, já se praticava um comércio ativo com o império romano e já existia um certo luxo entre os ricos. Tudo isso é indício de maior densidade de população.

Começa por essa época também a ofensiva geral dos germânicos em toda a linha do Reno, da fronteira fortificada romana e do Danúbio, desde o Mar do Norte até o mar Negro, prova direta do número sempre crescente de habitantes que forçava uma expansão territorial. A luta durou três séculos e durante essa, todas as tribos principais dos povos góticos (excetuando os godos escandinavos e os burgúndios) migraram para o sudeste, formando a ala esquerda da grande linha de ataque, no centro da qual avançaram os alto-alemães (herminões) para o alto Danúbio. A ala direita era formada pelos istevões, agora chamados francos, que avançaram até o Reno.

Aos ingevões coube a conquista da Britânia. No final do século V, o império romano, enfraquecido, exangue e impotente, estava aberto à invasão germânica.

Nos capítulos precedentes, estivemos no berço da civilização grega e romana da antiguidade. Agora estamos no seu túmulo. A plaina niveladora da dominação mundial romana havia passado, atravessando séculos, sobre toda a bacia do Mediterrâneo. Em todas as partes onde a língua grega não opôs resistência, as línguas nacionais foram cedendo lugar a um latim corrompido. Desapareceram as diferenças de nações e já não havia gauleses, iberos, lígures, nóricos, pois todos se haviam tornado romanos. A administração e o direito romanos tinham dissolvido, por toda parte, os antigos agrupamentos por linhagem, juntamente com os últimos resquícios de autonomia local ou nacional. A ambicionada cidadania romana, finalmente concedida a todos, não oferecia compensação, pois não expressava nenhuma nacionalidade, mas sim a falta de uma nacionalidade.

Por toda parte subsistiam elementos de novas nações. Os dialetos latinos das diversas províncias iam se diferenciando cada vez mais, as fronteiras naturais que haviam determinado a existência, como territórios autônomos, da Itália, da Gália, da Espanha e da África, ainda subsistiam e se faziam sentir. Mas, em lugar algum existia a força necessária que reunisse esses elementos para formar novas nações. Em lugar algum existia ainda um vestígio de capacidade para se desenvolver, de força para resistir, sem falar de capacidade de criação. A enorme massa humana desse imenso território tinha como único laço de união o Estado romano. Com o tempo, esse se havia tornado seu pior inimigo e opressor.

As províncias tinham arruinado Roma. A própria Roma havia-se transformado numa cidade de província como as outras, privilegiada mas não mais dominante, já não sendo o centro do império universal, nem sequer a sede dos imperadores e governadores que residiam em Constantinopla, Treves e Milão. O Estado romano tinha-se tornado uma máquina gigantesca e complexa, destinada exclusivamente à exploração dos súditos. Impostos, taxas estatais e tributos de todo tipo empurravam a grande massa do povo para uma pobreza cada vez mais aguda. A pressão atingiu o insuportável com as extorsões dos governadores, exatores de impostos e soldados.

Essa era a situação a que o Estado romano havia levado o mundo com sua dominação. Fundamentava seu direito à existência pela manutenção da ordem em seu interior e, com relação ao exterior, na proteção contra os bárbaros. Mas sua ordem era pior que a pior desordem e os bárbaros, contra os quais os cidadãos estavam sendo protegidos, eram esperados como salvadores.

A situação social não era menos desesperadora. Desde os últimos tempos da república, a dominação dos ramos já se havia reduzido a uma exploração brutal das províncias conquistadas. O império a havia regulamentado, longe de suprimi-la. Quanto mais o império entrava em decadência, mais subiam os impostos e taxas e mais desavergonhadamente os funcionários roubavam e extorquiam. O comércio e a indústria nunca haviam sido ocupações dos romanos, dominadores de povos. Só na usura é que ultrapassaram todos aqueles que os antecederam e mesmo os que os sucederam. O comércio que encontraram e que havia conseguido manter-se por algum tempo acabou arruinado com a extorsão oficial. Aquilo que ainda resistiu situa-se na parte grega, oriental, do império, que não entra em nossas considerações. Empobrecimento geral, declínio do comércio, decadência das artes e ofícios, diminuição da população, declínio das cidades, retrocesso da agricultura para um estágio mais atrasado; esse foi o resultado final do domínio romano no mundo.

A agricultura, o ramo de produção determinante em todo o mundo antigo, era-o de novo mais do que nunca. Os imensos complexos agrícolas (*latifundia*) que ocupavam, desde o fim da república, quase toda a superfície da Itália, haviam sido explorados de duas formas. Ou como pastagens, onde a população havia sido substituída por ovelhas e bois, cuja criação exigia apenas um pequeno número de escravos, ou em sítios, onde massas de escravos se dedicavam à horticultura em grande escala, em parte para prover às necessidades do dono, em parte para a venda nos mercados das cidades.

As grandes pastagens tinham-se mantido e até alargado. Mas os sítios e fazendas e sua horticultura tinham decaído com o empobrecimento de seus donos e a decadência das cidades. A economia dos latifúndios, baseada no trabalho escravo, já não rendia. Naquele período, porém, foi a única forma viável de agricultura em grande escala. O cultivo em pequenos lotes de terra voltou a ser adotado, como única forma compensadora. Os latifúndios, uns após outros, foram divididos em lotes, que eram entregues a arrendatários hereditários, dos quais se cobrava certa soma em dinheiro, ou a *partiarii* (parceiros), mais administradores do que arrendatários, porquanto recebiam por seu trabalho a sexta ou até a nona parte da produção anual. Esses lotes eram, porém, entregues de preferência a colonos que pagavam uma quantia anual determinada. Esses colonos ficavam ligados à terra e podiam ser vendidos juntamente com os lotes. Não eram propriamente escravos, mas também não eram livres, não se podiam casar com mulheres livres e os casamentos entre eles não eram considerados casamentos plenamente válidos mas apenas, como os dos escravos, mero concubinato (*contubernium*). Foram os precursores dos servos medievais.

 O antigo sistema de escravidão estava ultrapassado. Nem no campo, na agricultura em grande escala, nem nas manufaturas urbanas, dava um rendimento que valesse a pena. O mercado para seus produtos havia desaparecido. A agricultura em sítios e a pequena indústria, das quais se tinha reduzido a gigantesca produção do apogeu do império, já não tinha como empregar numerosos escravos. Somente como escravos domésticos e de luxo para os ricos é que eles ainda encontravam lugar na sociedade. A escravidão agonizante, contudo, ainda era suficientemente real para fazer considerar todo trabalho produtivo próprio de escravos e indigno de um romano livre; mas agora, todos eram romanos livres.

 Em decorrência disso, vamos encontrar de um lado um número crescente de escravos supérfluos libertos, que se haviam tornado um fardo e, de outro lado, o aumento dos colonos e dos homens livres empobrecidos, semelhantes aos *poor whites* (brancos pobres) dos antigos Estados escravistas da América do Norte. O cristianismo ficou de fora de todo o processo gradual da extinção da escravidão. Durante séculos, ele compartilhou da escravidão no antigo império romano e, mais tarde, nunca tentou impedir o comércio de escravos por cristãos ou por germânicos no norte ou por venezianos no Mediterrâneo e, nos últimos tempos, não tomou qualquer posição contra o comércio de escravos negros.[2]

A escravidão não compensava e por isso se extinguiu. Ao se extinguir, porém, deixou atrás de si um espinho venenoso no desprezo por parte dos homens livres pelo trabalho produtivo. O mundo romano ficou num beco sem saída: a escravidão era economicamente inviável e o trabalho dos homens livres era moralmente desprezado. A primeira não podia mais e o segundo não podia ainda ser a forma fundamental da produção social. Só uma revolução radical podia trazer uma solução para o problema.

Nas províncias, a situação não era melhor. A maior parte das informações que temos é referente à Gália. Ali, havia, junto aos colonos, pequenos agricultores livres que, para se resguardar das violências dos funcionários, magistrados e usurários, colocavam-se frequentemente sob a proteção, sob o patronato de um poderoso. Quem o fazia não eram apenas camponeses isolados, mas comunidades inteiras, de tal modo que, no século IV, os imperadores tiveram de promulgar diversos decretos proibindo essa prática. Mas de que servia isso para quem buscava proteção? O patrono lhes impunha a condição de transferirem para ele a propriedade das terras e, em compensação, assegurava-lhes o usufruto vitalício das mesmas, artimanha que a Santa Igreja tomou nota e que ela própria imitou nos séculos IX e X para o crescimento do reino de Deus e para o aumento de seus bens terrenos.

É verdade que naquela época, por volta do ano 475, Salviano, bispo de Marselha, clamava indignado contra esse furto e contava que a pressão dos funcionários romanos e dos grandes proprietários de terras se havia tornado tão grande que muitos "romanos" fugiam para regiões já ocupadas por bárbaros e que esses fugitivos só temiam tornar a ficar sob a dominação romana. Que, nessa época, muitos pais pobres vendiam seus filhos como escravos por causa da miséria está comprovado por uma lei proibindo essa prática.

Por terem livrado os romanos de seu próprio Estado, os

──
[2] Segundo o bispo Liutprando de Cremona, o principal ramo da indústria era, no século X, em Verdun, portanto no Sacro Império Germânico, a fabricação de eunucos que eram exportados com grande lucro para a Espanha, para os haréns dos mouros (Nota de Engels).

germânicos lhes tomaram dois terços das terras e as repartiram entre si. A partilha se realizou segundo a ordem estabelecida na *gens*. Como os conquistadores eram relativamente poucos, grandes extensões de terra ficaram indivisas, parte delas como propriedade de todo o povo e parte como propriedade das diferentes tribos e *gens*.

Em cada *gens*, os campos cultiváveis foram divididos em partes iguais e distribuídos por sorteio entre as economias domésticas. Não sabemos se depois foram feitas novas partilhas. De qualquer modo, esse costume logo se perdeu nas províncias romanas e as parcelas individuais se tornaram propriedade privada alienável, alodial. Os bosques e as pastagens não foram divididos e ficaram para uso comum. Essa utilização e o modo de cultivar a terra repartida eram regulados pelo antigo costume e de acordo com a vontade de toda a comunidade.

Quanto mais tempo a *gens* ficava estabelecida em suas terras e quanto mais germânicos e romanos se misturavam, mais o caráter dos laços de parentesco cedia lugar ao caráter territorial. A *gens* desapareceu na marca, na qual, contudo, são frequentemente encontrados vestígios do parentesco original de seus membros. Dessa forma, a organização gentílica, pelo menos nos países em que a comunidade da marca se conservou – norte da França, Inglaterra, Alemanha e Escandinávia – foi imperceptivelmente passando para uma organização territorial e assim ficou em condições de se adaptar ao Estado. Apesar de tudo, continuou mantendo o caráter democrático natural que caracteriza toda a organização gentílica, conservando assim, mesmo no período da degeneração que mais tarde lhe foi imposta e, desse modo, uma arma na mão dos oprimidos, arma que chegou até os tempos modernos.

Assim, se os laços de sangue desapareceram na *gens*, isso foi consequência do fato de terem seus órgãos, na tribo e no povo, degenerado após a conquista. Sabemos que a dominação exercida sobre os derrotados é incompatível com a organização da *gens*. Ora, aqui vemos isso em larga escala. Os povos germânicos, donos das províncias romanas, tinham de organizar essas suas conquistas. Mas as massas romanas não podiam ser absorvidas nas corporações gentílicas, nem podiam ser dominadas por intermédio das mesmas. À frente dos órgãos locais da administração romana, conservados a princípio em grande parte, era necessário colocar, em substituição ao Estado romano, outro poder que só poderia ser outro Estado. Assim, os órgãos da constituição gentílica tinham de se transformar em órgãos do Estado, e com notável rapidez, dada a premência da situação. O representante mais próximo do povo conquistador era, porém, o chefe do exército. A segurança interna e externa do território conquistado exigia o fortalecimento de seu poder. Havia chegado o momento de transformar o comando militar em realeza. E ela se completou.

Vamos tomar como exemplo o império dos francos. Aqui tinha tocado ao povo vitorioso dos sálios, como propriedade plena, não só os vastos domínios do Estado romano, mas também todos os demais imensos territórios ainda não divididos entre as grandes ou pequenas comunidades regionais e as marcas e, principalmente, as extensas áreas cobertas de bosques. A primeira coisa que o rei dos francos fez, ao se transformar de supremo comandante do exército em verdadeiro soberano, foi converter toda essa propriedade do povo em domínios reais, roubá-la ao povo e dá-la ou concedê-la em feudo às pessoas de seu séquito. Esse séquito, no início formado por sua guarda militar pessoal e pelos subcomandantes do exército, foi logo ampliado com a inclusão de romanos, isto é, gauleses romanizados que se tornaram rapidamente indispensáveis por seu conhecimento da escrita, por sua cultura, por seus conhecimentos da língua românica local e da língua literária latina, bem como por seu conhecimento das leis do país e ainda ampliado com a inclusão de escravos, servos e libertos que constituíam sua corte e dentre os quais escolhia seus favoritos. A princípio e na maioria das vezes, a todos eles foram distribuídos lotes de terra do povo, mais tarde cedidos sob a forma de benefícios, outorgados enquanto o rei vivesse. Dessa maneira, foram criadas as bases de uma nova nobreza nova, à custa do povo.

Mas isso não foi tudo. A vasta extensão do império não podia ser governada com os meios da antiga organização gentílica. O conselho dos chefes, quando já não tivesse caído em desuso, não podia reunir-se em assembleia e logo se viu substituído pelos que rodeavam continuamente o rei. A antiga Assembleia do Povo foi aparentemente mantida, mas transformada, cada vez mais, em simples reunião dos subcomandantes do exército e dos nobres recém-surgidos.

Os camponeses livres, proprietários de terras, que eram a massa do povo franco, foram arruinados e reduzidos à penúria pelas constantes guerras civis e pelas guerras de conquista, essas últimas sobretudo durante o reinado de Carlos Magno, como havia ocorrido anteriormente com os camponeses romanos, no final do período republicano. Eles que, originalmente, haviam formado todo o exército, depois da conquista das terras francas, constituíram seu núcleo, mas no início do século IX, porém, tinham chegado a uma tal situação de pobreza que, de cada cinco, apenas um deles dispunha dos meios necessários para partir para a guerra.

Em lugar do exército de camponeses livres convocados pelo rei, apareceu um exército integrado pelos vassalos da nova nobreza. Entre esses havia servos, descendentes daqueles camponeses que, em tempos passados, não haviam conhecido outro senhor que não o rei e em tempos ainda mais distantes não haviam tido senhor algum, nem mesmo um rei. Sob os sucessores de Carlos Magno, a ruína dos camponeses francos foi completada por guerras internas, em virtude da fraqueza do poder real e das consequentes usurpações dos nobres, aos quais vieram a se juntar ainda os condes designados por Carlos Magno e que lutavam pela hereditariedade do posto. A tudo isso, somaram-se as incursões dos normandos. Cinquenta anos depois da morte de Carlos Magno, o império aos francos jazia aos pés dos normandos, tão incapaz de resistir como quatro séculos antes o império romano o fora aos pés dos francos.

E não era só impotência externa, mas o mesmo acontecia com a ordem, ou melhor, desordem social interna. Os camponeses francos livres estavam numa situação análoga à de seus predecessores, os colonos romanos. Arruinados pelas guerras e pelos saques, tinham sido obrigados a colocar-se sob a proteção da nova nobreza ou da Igreja, já que o poder real era demasiado fraco para os proteger. Mas essa proteção lhes custava caro.

Como anteriormente havia acontecido aos camponeses da Gália, tiveram que transferir a propriedade de suas terras ao senhor feudal, seu protetor, de quem tornavam a recebê-las em arrendamento, sob formas diversas e variáveis, mas sempre em troca de prestação de serviços e pagamento de tributos. Uma vez reduzidos a essa forma de dependência, perderam pouco a pouco também a liberdade individual e, poucas gerações mais tarde, a maior parte deles havia caído na servidão. A rapidez com que desapareceu a classe dos camponeses livres está mostrada no registro cadastral de Irminon, da Abadia de Saint-Germain-des-Près, naquele tempo nos arredores e hoje dentro de Paris.

Nas vastas propriedades da Abadia, abrangendo as terras próximas a ela, havia no tempo ainda de Carlos Magno um total de 2.788 economias domésticas, compostas quase que exclusivamente de francos com sobrenomes germânicos. Delas, 2.080 eram de colonos, 35 de lites (camponeses semilivres), 220 de escravos e apenas 8 eram de camponeses livres! O costume, denunciado pelo bispo Salviano como ímpio, pelo qual o protetor fazia com que o camponês lhe transferisse a propriedade, deixando-o unicamente com o usufruto vitalício da mesma, era agora universalmente praticado pela Igreja contra os camponeses. A prestação de serviços, cada vez mais em uso, tinha tomado como modelo tanto as *angariae romanae* (serviços compulsórios prestados ao Estado), como os serviços prestados pelos membros das marcas germânicas na construção de pontes e estradas e em outros serviços de utilidade comum. Era como se, depois de quatro séculos, a massa da população tivesse voltado ao ponto de partida.

Isso, porém, provava somente duas coisas. Em primeiro lugar, que a organização social e a distribuição da propriedade no império romano em declínio tinham correspondido plenamente ao grau de produção na agricultura e na indústria de então e, portanto, tinham sido inevitáveis. Em segundo lugar, que essa etapa da produção não tinha, nos quatrocentos anos subsequentes, essencialmente revelado avanços ou recuos e, portanto, tinha produzido de novo e com a mesma necessidade a mesma divisão da propriedade e as mesmas classes da população.

Nos últimos séculos do império romano, a cidade havia perdido seu domínio sobre o campo e nos primeiros séculos da dominação germânica ainda não o havia recuperado. Isso pressupõe um baixo grau de desenvolvimento da agricultura e da indústria. Essa situação geral produzia necessariamente poderosos latifundiários e pequenos camponeses dependentes. As escassas possibilidades de integrar nessa sociedade, por um lado, a economia latifundiária romana com escravos e, por outro lado, a recente cultura em grande escala com trabalho servil, são demonstradas pelas imensas experiências de Carlos Magno com suas famosas vilas imperiais, desaparecidas quase sem deixar vestígios. Essas experiências só foram prosseguidas nos mosteiros e só foram proveitosas para eles. Os mosteiros, porém, eram corporações sociais de caráter anormal, baseadas no celibato. Podiam realizar coisas excepcionais, mas, por isso mesmo, continuavam sendo exceções.

Durante esses quatrocentos anos, no entanto, alguns progressos haviam sido feitos. Embora ao final desse período sejam encontradas quase as mesmas classes principais que de início, é verdade que os homens que constituíam essas classes haviam mudado. A antiga escravidão havia desaparecido e o mesmo se havia ocorrido com os homens livres empobrecidos que menosprezavam o trabalho por considerá-lo próprio de escravos. O camponês franco livre havia ficado entre o colono romano e o novo servo. A "lembrança inútil e luta inglória" da romanidade decadente estavam mortas e enterradas.

As classes sociais do século IX não se haviam formado com a decadência de uma civilização em decadência, mas sim no trabalho de criação de uma nova civilização. A nova geração, tanto senhores como servos, era uma geração de homens, se comparada com seus predecessores romanos. As relações entre os poderosos latifundiários e os servos camponeses dependentes, que tinham sido para os romanos a irremediável forma de decadência do mundo antigo, foram, para a nova geração, o ponto de partida para um novo desenvolvimento. Além disso, por mais improdutivos que esses quatrocentos anos possam parecer, nem por isso deixaram de nos legar um grande produto: as modernas nacionalidades, a nova configuração e a reorganização da humanidade na Europa ocidental para a história futura.

Os germânicos tinham, de fato, reanimado a Europa e por isso a dissolução dos Estados no período germânico não resultou num jugo normando e sarraceno, mas sim no desenvolvimento dos benefícios e do patronato (proteção de um poderoso) até o feudalismo e num incremento tão intenso da população que, dois séculos depois, foi possível suportar sem maiores problemas as rudes sangrias das cruzadas.

Que misterioso sortilégio foi esse, porém, que permitiu aos germânicos infundir uma nova vida à Europa agonizante? Seria um poder milagroso e inato da raça germânica, como pretendem nossos historiadores chauvinistas? De modo algum. Os germânicos, sobretudo nessa época, formavam uma tribo ariana muito favorecida pela natureza e em pleno processo de desenvolvimento. Mas não foram suas qualidades nacionais específicas o que rejuvenesceu a Europa, mas simplesmente sua barbárie e sua organização gentílica.

Sua capacidade e coragem pessoais, seu amor à liberdade e seu instinto democrático, que considerava todos os assuntos públicos como seus próprios, em suma, todas as qualidades que os romanos haviam perdido e que eram as únicas capazes de formar novos Estados, a partir do lamaçal do mundo romano, e de fazer surgir novas nacionalidades, eram apenas os traços característicos dos bárbaros da fase superior da barbárie, frutos de sua organização gentílica?

Se modificaram a antiga forma da monogamia, se suavizaram a autoridade do homem na família e deram à mulher uma posição mais elevada do que a que ela conhecera no mundo clássico, o que lhes permitiu isso senão sua condição de bárbaros, seus hábitos gentílicos e a herança ainda viva do tempo do direito materno?

Se eles, pelo menos em três países mais importantes, como são a Alemanha, o norte da França e a Inglaterra, foram capazes de salvar uma parte da autêntica organização gentílica, transplantando-a no Estado feudal sob a forma de marcas, dando com isso aos camponeses oprimidos, mesmo sob a mais dura servidão medieval, uma coesão local e meios de resistência de que jamais dispuseram nem os antigos escravos nem os proletários modernos – a que era isso devido senão à sua barbárie, a seu modo exclusivamente bárbaro de colonização por *gens*?

E, finalmente, se eles conseguiram aperfeiçoar e tornar

exclusiva a forma mais suave de servidão já praticada em seu país de origem, forma que a própria escravidão ia cada vez mais assumindo no império romano – uma forma que, como Fourier foi o primeiro a salientar, oferece aos oprimidos os meios para uma gradual libertação como classe (*fournit aux cultivateurs des moyens d'affranchissement collectif et progressif* – fornece aos cultivadores meios de libertação coletiva e progressiva), superando assim, em muito, a escravidão que só permitia a libertação imediata do indivíduo, sem fase de transição (a antiguidade não conhece a abolição da escravidão por uma revolução vitoriosa), ao passo que os servos da Idade Média iam conseguindo, aos poucos, sua emancipação como classe – a que se deve isso senão à sua barbárie, graças a qual não tinham ainda chegado à escravidão completa, quer na forma de escravidão do trabalho em uso na antiguidade, quer na forma de escravidão doméstica oriental?

Tudo o que os germânicos levaram de vitalidade e reanimação para o mundo romano, vinha da barbárie. De fato, só os bárbaros seriam capazes de rejuvenescer um mundo que padecia de uma civilização agonizante. E a fase superior da barbárie, a qual tinham chegado os germânicos e na qual tinham vencido pelo trabalho antes das migrações, era precisamente a mais propícia para a promoção desse processo. Isso explica tudo.

Capítulo IX

Barbárie e Civilização

Analisamos o processo de dissolução da *gens* nos três grandes exemplos particulares dos gregos, romanos e germânicos. Para concluir, vamos pesquisar agora as condições econômicas gerais que logo na fase superior da barbárie minaram a organização gentílica da sociedade e que a eliminaram totalmente com a chegada da civilização. Para isso, *O Capital* de Marx ser-nos-á tão necessário quanto o livro de Morgan.

Surgida na fase média do estado selvagem e desenvolvida na fase superior, a *gens*, segundo nos permitem julgar as fontes das quais dispomos, atingiu seu apogeu na fase inferior da barbárie. Vamos começar, portanto, por esse estágio do desenvolvimento.

Nesse, no qual os peles-vermelhas americanos nos servem necessariamente de exemplo, encontramos a organização gentílica completamente desenvolvida. Uma tribo se dividiu em várias *gens*, de modo geral em duas. Com o aumento da população, cada uma dessas *gens* primitivas se subdividiu em várias *gens*-filhas, para as quais a *gens*-mãe subsiste como *fratria*. A própria tribo se subdividiu em várias tribos, em cada uma das quais, na maioria dos casos, encontramos de novo as antigas *gens*. Pelo menos em alguns casos, uma federação englobava as tribos aparentadas. Essa organização simples é inteiramente adequada para as condições sociais da qual resultou.

Ela não é mais que seu próprio agrupamento natural, sendo capaz de resolver todos os conflitos que possam surgir no interior da sociedade assim organizada. Os conflitos externos são resolvidos pela guerra que pode terminar com o aniquilamento da tribo, mas nunca com sua escravização. A grandeza, mas também a limitação, da organização gentílica está no fato de não admitir em si nem a dominação nem a servidão. Internamente, não há ainda qualquer diferença entre direitos e deveres. Para o índio, não se põe o problema de saber se é um direito ou um dever tomar parte nos assuntos públicos, na vingança de sangue ou em sua reparação. Essa questão lhe pareceria tão absurda como se a questão de comer, dormir e caçar é um dever ou um direito. Não pode, do mesmo modo, verificar-se uma divisão da tribo ou da *gens* em diferentes classes sociais. E isso nos leva ao exame da base econômica dessa situação.

A população é extremamente escassa, concentrando-se apenas no local de residência da tribo, ao redor do qual se estende uma vasta região para a caça, onde se segue a zona neutra de bosques de proteção que separam as tribos entre si. A divisão do trabalho é absolutamente natural, subsistindo apenas entre os dois sexos. O homem vai à guerra, à caça e à pesca, procura as matérias-primas para a alimentação e produz os instrumentos necessários para isso. A mulher cuida da casa, prepara a comida e confecciona as roupas: cozinha, fia e costura. Cada um manda em seu domínio, o homem na floresta e a mulher em casa. Cada um é proprietário dos instrumentos que confecciona e utiliza. O homem possui as armas e os utensílios de caça e pesca, a mulher é dona dos utensílios domésticos. A economia doméstica é comunista, abrangendo frequentemente muitas famílias[1]. Aquilo que é feito e utilizado em comum é de

---

[1] Especialmente na costa noroeste da América (ver Bancroft). Entre os haidas da ilha da Rainha Carlota, encontramos economias domésticas de até 700 pessoas, vivendo sob o mesmo teto. Entre os nootkas, viviam tribos inteiras sob o mesmo teto (Nota de Engels).

propriedade comum: a casa, a horta, a canoa. Aqui, portanto, e somente aqui vamos encontrar "a propriedade fruto do trabalho pessoal" que os juristas e economistas atribuem à sociedade civilizada e que é o último subterfúgio jurídico em que se apoia hoje a propriedade capitalista.

Mas não foi em todas as partes que os homens permaneceram nesse estágio. Na Ásia, encontraram animais que se deixaram domesticar e que continuaram a reproduzir-se em cativeiro. Antes, a fêmea do búfalo selvagem tinha de ser caçada. Agora, domesticada, dava uma cria por ano e, além disso, fornecia leite. Algumas tribos mais adiantadas – os árias, os semitas e talvez também os turanianos – tinham como ramo principal de atividade a domesticação, mas depois só criação e a guarda do gado.

As tribos de pastores se destacaram do restante da massa dos bárbaros. Foi a primeira grande divisão social do trabalho. Essas tribos de pastores não só produziam mais víveres, mas também víveres diferentes do restante dos bárbaros. Tinham a vantagem de possuir mais leite, lacticínios e carnes e, além disso, dispunham de peles, lã, couro de cabra, fios e tecidos, cuja quantidade aumentava na medida em que aumentava a massa das matérias-primas. Isso tornou possível, pela primeira vez, o escambo regular de produtos. Nas fases anteriores apenas permutas ocasionais podiam ser realizadas. Uma habilidade excepcional no fabrico de armas e instrumentos pode produzir uma divisão temporária de trabalho.

Assim, em muitos lugares foram encontrados restos indubitáveis de oficinas de instrumentos de pedra, do último período da Idade da Pedra. Os artesãos que aí desenvolviam suas habilidades provavelmente trabalhavam por conta da comunidade, como ainda ocorre hoje com os artesãos das comunidades gentílicas da Índia. Nessa etapa, só podia haver troca no interior da mesma tribo e ainda assim em caráter excepcional.

Mas quando as tribos de pastores se separaram das outras tribos, vemos criadas todas as condições para a troca entre membros de tribos diferentes e para seu desenvolvimento e consolidação como uma instituição regular. No início, as trocas se processavam entre as tribos por meio dos chefes gentílicos. Quando, porém, os rebanhos começaram a passar para a propriedade particular, a troca entre indivíduos foi predominando sempre mais, até chegar a se tornar a forma única. O principal artigo oferecido para troca pelas tribos de pastores a seus vizinhos era o gado. O gado tornou-se a mercadoria pela qual todas as demais eram avaliadas e que em toda parte era aceita de bom grado como troca por qualquer outra. Em resumo, o gado desempenhava as funções de dinheiro e como dinheiro serviu nessa etapa. Foi com essa necessidade e rapidez que logo no início da troca de mercadorias se fez sentir a falta de uma mercadoria que servisse de dinheiro.

A horticultura, provavelmente estranha aos asiáticos da fase inferior da barbárie, surgiu entre eles no mais tardar durante a fase média, como precursora da agricultura. O clima do planalto turaniano não permite a vida pastoril sem provisões de forragem para um longo e rigoroso inverno. O cultivo de prados e a cultura de cereais eram aí, portanto, uma condição para sobreviver. O mesmo pode ser dito das estepes situadas ao norte do Mar Negro. Se os cereais, porém, eram no início colhidos para o gado, em breve se tornaram também alimento para o homem. A terra cultivada continuou sendo propriedade da tribo, sendo entregue para usufruto inicialmente à *gens*, mais tarde às comunidades de famílias e, por último, aos indivíduos. Esses devem ter tido certos direitos de posse, mas nada mais além disso.

Entre as conquistas industriais dessa fase, há duas particularmente importantes. A primeira é o tear e a segunda é a fundição de minerais e o trabalho com metais fundidos. O cobre, o estanho e o bronze, esse último liga dos dois primeiros, eram, sem dúvida, os mais importantes. Com o bronze eram fabricados instrumentos muito úteis e armas, mas esse não conseguiu suplantar os instrumentos de pedra. Isso só seria possível com o ferro, mas ainda não se sabia como obtê-lo. O ouro e a prata começaram a ser utilizados como adornos e joias e, provavelmente, logo atingiram um valor bem mais elevado que o cobre e o bronze.

O aumento da produção em todos os ramos – criação de gado, agricultura, artes e ofícios domésticos – tornou a força de trabalho do homem capaz de produzir mais do que o necessário para a sua subsistência. Aumentou ao mesmo tempo a quantidade de trabalho diário que cabia a cada membro da *gens*, da comunidade doméstica ou da família isolada. Passou a ser conveniente conseguir mais força de trabalho, o que se conseguiu por meio da guerra. Os prisioneiros de guerra foram transformados em escravos. A primeira grande divisão social do trabalho, ao aumentar a produtividade desse e, em decorrência, a riqueza, e ao alargar o campo da produção, tinha de trazer consigo, nas condições históricas de conjunto, necessariamente a escravidão. Da primeira grande divisão social do trabalho, resultou a primeira grande divisão da sociedade em duas classes: senhores e escravos, exploradores e explorados.

Até hoje nada sabemos sobre como e quando os rebanhos passaram da propriedade comum da tribo ou da *gens* para a propriedade dos diferentes chefes de família. Mas no essencial, a mudança deve ter ocorrido nesta fase. Então, com os rebanhos e outras novas riquezas, ocorreu uma revolução na família. Providenciar a alimentação estivera sempre a cargo do homem, e os instrumentos necessários para isso eram produzidos por ele e de sua propriedade. Os rebanhos constituíam nova fonte de alimento e de outros benefícios, e o trabalho do homem era de início sua domesticação e mais tarde sua criação. Por isso, pertencia-lhe o gado, bem como as mercadorias e os escravos obtidos em troca do mesmo. Todo o excedente deixado agora pela produção pertencia ao homem. A mulher tinha participação no consumo, mas não tinha qualquer parte na propriedade.

O guerreiro e caçador "selvagem" se havia conformado com o segundo lugar na hierarquia doméstica, precedido pela mulher. O "suave" pastor, com base em sua riqueza, tomou a dianteira e deixou a mulher em segundo lugar. E ela não podia se queixar. A divisão do trabalho na família havia regulamentado a distribuição da propriedade entre o homem e a mulher. Essa divisão do trabalho na família continuava sendo a mesma e, no entanto, pusera as relações domésticas de cabeça para baixo, simplesmente porque a divisão do trabalho fora da família se havia tornado diferente.

A mesma causa que havia assegurado à mulher sua anterior supremacia na casa – o fato de se limitar ao trabalho doméstico – assegurava agora o domínio do homem na própria casa. O trabalho doméstico da mulher perdia agora sua importância perante o trabalho produtivo do homem. Este trabalho passou a ser tudo e aquele, uma insignificante contribuição. Isso demonstra desde já que a emancipação da mulher, sua equiparação ao homem, é e continuará sendo impossível, enquanto ela for excluída do trabalho social produtivo e confinada ao trabalho privado doméstico. A emancipação da mulher só se tornará possível quando ela puder tomar parte em grande escala, em escala social, da produção e quando o trabalho doméstico só a ocupar em grau insignificante. Essa condição só pode ser alcançada com a grande indústria moderna, que não só admite o trabalho da mulher em grande escala, mas também até o exige formalmente e procura cada vez mais transformar o trabalho doméstico privado numa indústria pública.

A supremacia efetiva do homem na casa tinha posto por terra a última barreira que se opunha a seu domínio exclusivo. Esse domínio exclusivo foi consolidado e eternizado pela queda do direito materno, pela introdução do direito paterno e pela transição gradual do casamento pré-monogâmico para a monogamia. Com isso, porém, abriu-se uma brecha na antiga ordem gentílica: a família individual se tornou um poder e se ergueu ameaçadoramente perante a *gens*.

O passo seguinte nos conduz à fase superior da barbárie, período em que todos os povos civilizados passam por sua época heróica, período da espada de ferro, mas também do arado e do machado de ferro. O ferro tinha começado a ser utilizado pelo homem, sendo a última e mais importante das matérias-primas que desempenharam na história um papel revolucionário. A última, sem contar a batata. O ferro tornou possível a agricultura em áreas maiores e a preparação para o cultivo de extensas áreas de florestas. Forneceu ao artesão um instrumento de uma dureza e capacidade de corte, à qual nenhuma pedra ou metal conhecido se assemelhava. Tudo isso foi acontecendo aos poucos. O primeiro ferro era frequentemente mais mole que o bronze. Assim, a arma de pedra só foi desaparecendo lentamente. Machados de pedra ainda foram usados por muito tempo em combate, como consta na Canção de Hildebrando (*Hildebrandslied*) e mesmo na batalha de Hastings, em 1066.

O progresso, contudo, era irresistível, sofrendo menos interrupções e avançando mais rapidamente. A cidade, com suas muralhas, torres e ameias de pedra, encerrando casas também de pedra ou de tijolo, tornou-se o centro da tribo ou da federação de tribos. Isso marca um notável progresso na arquitetura, mas é também um sinal do perigo crescente e da necessidade de construção defensiva. A riqueza crescia com rapidez, mas sob a forma de riqueza individual. A tecelagem, o trabalho com metais e outras artes e ofícios que iam se diferenciando cada vez mais, desenvolviam uma crescente variedade e habilidade na produção. A agricultura passou a fornecer também, além de cereais, legumes e frutas, azeite e vinhos, cuja preparação já havia sido aprendida.

Uma atividade tão variada já não podia ser realizada por um só indivíduo. Verificou-se então a segunda grande divisão social do trabalho: as artes e ofícios se separaram da agricultura. O constante aumento da produção e com ele da produtividade do trabalho elevou o valor da força de trabalho do homem. A escravidão, no estágio anterior ainda incipiente e esporádica, converteu-se agora em componente essencial do sistema social. Os escravos deixam de ser meros auxiliares e são levados às dezenas para o trabalho nos campos e nas oficinas. Com a divisão da produção em dois ramos principais, a agricultura e as artes e ofícios, surge a produção diretamente para a troca, a produção mercantil. Com ela o comércio, não só no interior e nas fronteiras da tribo, como também por mar. Tudo isso, porém, estava ainda pouco desenvolvido. Os metais nobres começaram a se converter em mercadoria-moeda preponderante e geral. Mas as moedas ainda não eram cunhadas e os metais eram trocados por seu peso bruto.

A diferença entre ricos e pobres veio e passou a se igualar à diferença entre homens livres e escravos. A nova divisão do trabalho acarretou uma nova divisão da sociedade em classes. A diferença de riqueza entre os diversos chefes de família passou a destruir as antigas comunidades domésticas comunistas, por toda parte onde ainda subsistiam e ao mesmo tempo acabou o trabalho comum da terra por conta dessas comunidades. A terra cultivada passou para o usufruto das famílias particulares, primeiro provisoriamente, depois para sempre. A transição para a propriedade privada completa foi-se realizando aos poucos, paralelamente à transição do casamento pré-monogâmico para a monogamia. A família individual começou a assumir o papel de unidade econômica da sociedade.

Uma população com maior densidade exigiu coesão mais estreita, tanto interna como externamente. A federação de tribos aparentadas se torna uma necessidade em toda parte e logo depois, a fusão de territórios de tribo no território único e comum de todo um povo. O chefe do exército do povo – *rex, basiléus, thiudans* – torna-se um funcionário permanente, indispensável. A Assembleia do Povo surge em todos os lugares onde ainda não existia. Chefe do exército, conselho e Assembleia do Povo passam a constituir os órgãos da sociedade gentílica que desemboca numa democracia militar. E essa democracia era militar porque a guerra e a organização para a guerra eram agora funções regulares na vida do povo.

As riquezas dos vizinhos despertam a ambição dos povos que já começavam a encarar a aquisição de riquezas como uma das primeiras finalidades da vida. Eram bárbaros. Saquear lhes parecia mais fácil e até mais honroso do que o trabalho produtivo. A guerra, feita anteriormente apenas para vingar ataques ou para ampliar o território já demasiado insuficiente, era empreendida agora sem outro propósito que o do saque, tornando-se um ramo de negócios permanente. Não era por acaso que se erigiam muralhas e fortificações em torno das novas cidades. Em seus fossos se enterrava a organização gentílica e suas torres penetravam já na civilização.

Internamente, ocorreu o mesmo. As guerras de rapina aumentavam o poder do chefe supremo do exército e também dos chefes inferiores. A eleição habitual de seus sucessores dentro das próprias famílias, sobretudo a partir da introdução do direito paterno, passou gradualmente a ser sucessão hereditária, de início apenas tolerada, em seguida reivindicada e, finalmente, usurpada. Com isso, foi lançada a base da monarquia e da nobreza hereditárias. Dessa forma, os órgãos da constituição gentílica afastam-se gradualmente de suas raízes no povo, na *gens*, na *fratria* e na tribo, com o que toda a organização gentílica acabou por se transformar em seu contrário: de uma organização de tribos para a livre regulamentação de seus próprios assuntos, tornou-se uma organização para o saque e opressão dos vizinhos e, em decorrência disso, seus órgãos passam de instrumentos da vontade do povo a órgãos autônomos de dominação e opressão para com o próprio povo.

Isso, porém, nunca teria sido possível se a cobiça das riquezas não houvesse dividido os membros da *gens* em ricos e pobres, "se a diferença de propriedade no interior de uma mesma *gens* não tivesse transformado a comunhão de interesses em antagonismo entre os membros da *gens*" (Marx) e se o incremento da escravidão já não tivesse começado a fazer considerar o trabalho para obter os meios de sustento como algo para escravos, mais desonroso do que a pilhagem.

Chegamos dessa maneira ao limiar da civilização. Ela é inaugurada por um novo progresso na divisão do trabalho. No estágio inferior, os homens produziam somente para suas necessidades diretas. As trocas reduziam-se a casos isolados e tinham por objeto os excedentes eventualmente obtidos. Na fase média da barbárie, entre os povos de pastores, encontramos no gado já uma propriedade que, a partir de certo tamanho dos rebanhos, fornece regularmente um excedente da produção em relação às necessidades próprias. Encontramos simultaneamente uma divisão do trabalho entre os povos pastores e as tribos atrasadas e sem rebanhos, isto é, dois estágios diferentes de produção coexistindo, o que implica em condições para o surgimento de uma troca regular. A fase superior da barbárie apresenta uma nova divisão do trabalho, entre a agricultura e as artes e ofícios, e desse modo, a produção de uma parte sempre crescente dos resultados do trabalho para a troca, ou seja, a elevação da troca entre produtores individuais à categoria de necessidade vital da sociedade.

A civilização consolida e aumenta todas essas divisões do trabalho vindas de fases anteriores, sobretudo pela instauração do contraste entre a cidade e o campo (podendo a cidade dominar economicamente o campo, como na antiguidade, ou o campo dominar economicamente a cidade, como na Idade Média) e acrescenta uma terceira divisão do trabalho, peculiar a ela e de importância decisiva, criando uma classe que não se ocupa da produção e sim, exclusivamente, da troca dos produtos: os comerciantes.

Até então, todas as razões para a formação de novas classes tinham a ver exclusivamente com a produção. Elas dividiam as pessoas que participavam da produção em diretores e executores ou em produtores em grande e pequena escala. Agora, surge pela primeira vez uma classe que, sem tomar absolutamente parte na produção, conquista a direção da produção em seu todo e submete a si economicamente os produtores. Uma classe que se transforma no intermediário indispensável entre dois produtores e explora a ambos. Sob o pretexto de poupar aos produtores as fadigas e os riscos da troca de produtos, de colocar à venda seus produtos até nos mercados mais distantes e de tornar-se assim a classe mais útil da sociedade, forma-se uma classe de atravessadores, uma classe de verdadeiros parasitas sociais que, como recompensa para seus serviços muito reduzidos, fica com a nata da produção nacional e estrangeira, concentra rapidamente em suas mãos riquezas enormes e adquire uma influência social correspondente a essas, ocupando, por isso mesmo, no decurso desse período da civilização, uma posição permanente de maior destaque e logrando um domínio cada vez maior sobre a produção, até gerar um produto próprio: as crises comerciais periódicas.

No estágio de desenvolvimento que estamos analisando, a nascente classe dos comerciantes ainda não faz ideia das grandes coisas que lhe estão reservadas. Mas se formou e se torna indispensável, e isso basta. Com ela, veio o dinheiro-metal, a moeda cunhada, e com o novo dinheiro, um novo meio para o predomínio dos não-produtores sobre os produtores e sua produção.

Estava descoberta a mercadoria por excelência, a que contém escondidas em si todas as outras mercadorias, o instrumento mágico que, conforme a vontade de cada um, pode se transformar em todas as coisas desejadas e desejáveis. Quem o possuísse, dominaria o mundo da produção. E quem o possuiu antes de todos? O comerciante.

Em suas mãos, o culto do dinheiro estava garantido. O comerciante se encarregou de tornar evidente que todas as mercadorias e, com elas, seus produtores, deveriam prostrar-se diante do dinheiro. Demonstrou de maneira prática que as demais formas de riqueza não passavam de mera aparência diante dessa encarnação da riqueza como tal. De então para cá, nunca o poder do dinheiro se haveria de manifestar com tanta rudeza e violência tão primitivas como nesse período de sua juventude.

Após a venda de mercadorias por dinheiro, veio o empréstimo e, com ele, os juros e a usura. Nenhuma legislação posterior submete devedor, de maneira tão desapiedada e desesperada, aos pés do credor usurário, como a da antiga Atenas e da antiga Roma. E ambas surgiram espontaneamente, como direito consuetudinário, sem outra coação que a econômica.

Além da riqueza em mercadorias e escravos, além da riqueza em dinheiro, surgia agora também a riqueza em terras. O direito de posse de cada um sobre as parcelas de terreno que lhe haviam sido transmitidas originalmente pela *gens* ou pela tribo, agora se havia de tal forma consolidado que essas parcelas de terra lhe pertenciam por herança. O que, nos últimos tempos, eles exigiam acima de tudo era ficarem livres dos direitos que as comunidades gentílicas tinham sobre essas parcelas, direitos que para eles se haviam transformado em entrave. Esse entrave desapareceu, mas em pouco tempo também desaparecia a nova propriedade territorial. A propriedade livre e plena do solo não significava apenas a possibilidade de possuir o solo sem limites e sem restrições, mas também a faculdade de aliená-lo. Essa faculdade não existiu quando o solo era propriedade da *gens*. Quando, porém, o obstáculo da propriedade suprema da *gens* e da tribo foi eliminado pelo novo proprietário, em caráter definitivo, rompeu também os laços que até então o tinham indissoluvelmente ligado ao solo. O que isso significava ficou-lhe bem claro por meio do dinheiro, inventado ao mesmo tempo que a propriedade privada da terra.

A terra podia agora podia tornar-se mercadoria, podia ser vendida ou penhorada. Logo que se introduziu a propriedade privada da terra, criou-se a hipoteca (ver Atenas, acima). Tal como o heterismo e a prostituição pisam nos calcanhares da monogamia, assim também, a partir de então, a hipoteca se agarra aos calcanhares da propriedade fundiária. Quiseste a plena, livre e alienável propriedade da terra? Pois bem, aí a tens! *"Tu l'as voulu, Georges Dandin!"* (Tu o quiseste, Georges Dandin!).

Com a expansão do comércio, o dinheiro e a usura, a propriedade fundiária e a hipoteca, a concentração e a centralização da riqueza nas mãos de uma classe pouco numerosa progrediram rapidamente, de maneira paralela ao crescente empobrecimento das massas e ao aumento numérico dos pobres. A nova aristocracia da riqueza empurrou para o isolamento a antiga nobreza tribal, na medida em que não coincidia já de antemão com ela (em Atenas, em Roma e entre os germânicos). E, além dessa divisão de homens livres em classes de acordo com suas riquezas, verificou-se, sobretudo na Grécia, um extraordinário aumento no número dos escravos[2], cujo trabalho forçado constituía a base sobre a qual se ergueu a estrutura de toda a sociedade.

Vamos ver agora o que aconteceu à organização da *gens* com essa revolução social. Ela era impotente diante dos novos elementos que se tinham desenvolvido sem a sua intervenção. Sua primeira condição de existência era que os membros de uma *gens* ou de uma tribo estivessem reunidos no mesmo território e exclusivamente nele habitassem. Isso já havia acabado há muito. *Gens* e tribos se encontravam misturadas por toda parte e em toda parte viviam escravos, protegidos e estrangeiros no meio dos cidadãos.

....

[2] Para o número de escravos em Atenas, ver acima. Em Corinto, nos tempos áureos da cidade, era de 460.000, em Egina era de 470.000. Nos dois casos, o número de escravos representava dez vezes o número de cidadãos livres (Nota de Engels).

A fixação de residência, adquirida apenas por volta do final da fase média da barbárie, era com frequência alterada pela mobilidade e pela mutabilidade de residência devidas ao comércio, à mudança de atividade ou à troca na posse das terras. Os membros das corporações gentílicas já não podiam se reunir para resolver assuntos comuns e a *gens* se ocupava apenas de coisas pouco importantes, como festas religiosas, e com indiferença. Ao lado das necessidades e interesses para cuja defesa as corporações gentílicas tinham competência e poder, a revolução nas relações econômicas e a consequente diferenciação social haviam criado novas necessidades e novos interesses, não só estranhos, mas até opostos, em todos os sentidos, à antiga ordem da *gens*.

Os interesses dos grupos de artesãos, surgidos em virtude da divisão do trabalho, e as necessidades específicas da cidade, em oposição às do campo, exigiam novos órgãos. Cada um desses grupos, porém, era composto de pessoas pertencentes às mais diversas *gens*, *fratrias* e tribos e até de estrangeiros. Esses novos órgãos, portanto, tinham de se formar necessariamente fora da organização gentílica, independentemente dela e, portanto, em prejuízo dela. Em cada corporação gentílica, por sua vez, verificou-se esse conflito de interesses que culminava com a reunião de pobres e ricos, usurários e devedores, dentro da mesma *gens* e da mesma tribo.

A tudo isso vinha juntar-se a massa da nova população, estranha às associações gentílicas, que podia chegar a ser uma força no campo, como aconteceu em Roma, mas que era demasiado numerosa para poder ser absorvida gradualmente nas estirpes e tribos consanguíneas. Perante essa população, as associações gentílicas apareciam como corpos fechados, privilegiados. A democracia primitiva, espontânea, havia-se transformado numa odiosa aristocracia.

Finalmente, a organização gentílica tinha crescido a partir de uma sociedade que não conhecia antagonismos internos e também era adequada apenas para uma sociedade nesses moldes. Não possuía outros meios coercitivos além da opinião pública. Acabava de surgir, no entanto, uma sociedade que, em virtude do conjunto de suas condições econômicas, havia sido obrigada a dividir-se em homens livres e escravos, em exploradores ricos e explorados pobres, uma sociedade em que os referidos antagonismos não só não podiam ser conciliados, como também tinham de ser levados a seus limites extremos.

Uma sociedade desse tipo não podia subsistir senão em meio a uma luta aberta e permanente dessas classes entre si ou sob a dominação de um terceiro poder que, aparentemente situado acima das classes em luta, reprimisse esses conflitos abertos e só permitisse que a luta de classes se travasse no campo econômico, numa forma dita legal. A organização gentílica já havia chegado ao fim de sua existência. Foi destruída pela divisão do trabalho que dividiu a sociedade em classes. Foi substituída pelo Estado.

Já estudamos, uma a uma, as três principais formas, segundo as quais o Estado se ergueu sobre as ruínas da organização gentílica. Atenas apresenta a forma mais pura, mais clássica. Aí o Estado nasceu direta e fundamentalmente das oposições das classes que se desenvolveram no interior da própria sociedade gentílica.

Em Roma, a sociedade gentílica se converteu numa aristocracia fechada, no meio de uma plebe numerosa e mantida à parte, sem direitos mas com deveres. A vitória da plebe destruiu a antiga organização da *gens* e, sobre suas ruínas, ergueu o Estado, onde não tardaram a integrar e confundir totalmente a aristocracia gentílica e a plebe.

Entre os germânicos, por fim, vencedores do império romano, o Estado surgiu diretamente da conquista de vastos territórios estrangeiros para cuja dominação a organização gentílica era de todo impotente. Como, porém, a essa conquista não está ligada nenhuma séria luta com a antiga população, nem uma divisão de trabalho mais avançada; como o grau de desenvolvimento econômico dos conquistados e dos conquistadores era quase o mesmo e, portanto, persistia a antiga base econômica da sociedade, a organização gentílica pode subsistir desse modo por muitos séculos, sob uma forma modificada, sob uma forma territorial, como organização da marca, e mesmo rejuvenescer posteriormente durante certo tempo, de uma forma atenuada, nas famílias nobres e patrícias e até em famílias camponesas, como em Dithmarschen.[3]

O Estado não é, portanto, de modo algum, um poder que é imposto de fora à sociedade e tão pouco é "a realidade da ideia ética", nem "a imagem e a realidade da razão", como afirma Hegel. É antes um produto da sociedade, quando essa chega a um determinado grau de desenvolvimento. É o reconhecimento de que essa sociedade está enredada numa irremediável contradição com ela própria, que está dividida em oposições inconciliáveis de que ela não é capaz de se livrar. Mas para que essas oposições, classes com interesses econômicos em conflito não se devorem e não consumam a sociedade numa luta estéril, tornou-se necessário um poder situado aparentemente acima da sociedade, chamado a amortecer o choque e a mantê-lo dentro dos limites da "ordem". Esse poder, surgido da sociedade, mas que se coloca acima dela e que se aliena cada vez mais dela, é o Estado.

Perante a antiga organização gentílica, o Estado caracteriza-se, em primeiro lugar, pela distribuição de seus súditos segundo o território. As antigas associações gentílicas, constituídas e mantidas juntas pelos laços de sangue, como vimos, tinham-se tornado insuficientes em grande parte porque pressupunham uma ligação de seus membros a um determinado território e essa ligação já havia acabado há muito. O território havia permanecido, mas os homens haviam adquirido mobilidade.

Foi tomada, portanto, a distribuição territorial como ponto de partida e deixou-se que os cidadãos exercessem seus direitos e deveres públicos onde estivessem estabelecidos, sem levar em consideração a *gens* e a tribo. Essa organização dos súditos do Estado conforme o território é comum a todos os Estados. Por isso ela nos parece natural, mas já vimos que foram necessárias duras e longas lutas antes que em Atenas e Roma ela pudesse substituir a antiga organização gentílica.

A segunda característica é a instituição de uma força pública que já não se identifica com a população que se organiza por si

---

[3] O primeiro historiador que teve uma ideia, pelo menos aproximada, da essência da gens foi Niebuhr e isso graças ao conhecimento que tinha da gens de Dithmaschen, ao qual deve também seus erros, transcritos sem submetê-los à crítica (Nota de Engels).

própria como força armada. A necessidade dessa força pública especial deriva da divisão da sociedade em classes que impossibilita qualquer organização armada da população, agindo por si. Os escravos também integravam a população. Os 90.000 cidadãos de Atenas formavam, em relação aos 365.000 escravos, apenas uma classe privilegiada. O exército popular da democracia ateniense era uma força pública aristocrática contra os escravos e assim os mantinha submissos.

Para manter a ordem entre os cidadãos, porém, era necessário criar também, como dissemos acima, uma força de polícia. Essa força pública existe em todos os Estados, sendo constituída não só por homens armados, mas também por acessórios materiais, cárceres e instituições coercitivas de todo tipo, totalmente desconhecidos pela sociedade gentílica. Essa força pode ser pouco significativa e até quase nula nas sociedades em oposições de classe pouco desenvolvidas ou em regiões afastadas, como ocorreu em certas regiões e em certas épocas nos Estados Unidos da América. Mas ela se fortalece na medida em que se exacerbam os antagonismos de classe dentro do Estado e na medida em que os Estados limítrofes cresçam e aumentem sua população. Observemos apenas a Europa de hoje, onde a luta de classes e a rivalidade nas conquistas levaram a força pública a um tal grau de crescimento que ameaça engolir toda a sociedade e até o próprio Estado.

Para manter essa força pública são exigidas contribuições dos cidadãos do Estado: os impostos. A sociedade gentílica desconhecia totalmente os impostos. Hoje, no entanto, nós os conhecemos muito bem. Com os avanços da civilização, os impostos inclusive deixam de ser suficientes. O Estado emite então letras sobre o futuro, contrai empréstimos, dívidas do Estado. Também a respeito disso, a velha Europa já conhece muito bem a toada.

De posse da força pública e do direito de recolher impostos, os funcionários surgem então como órgãos da sociedade acima da sociedade. O respeito livre e voluntário que era tributado aos órgãos da constituição gentílica já não lhes basta, mesmo que pudessem conquistá-lo. Detentores de um poder alienado da sociedade, precisam impor respeito por meio de leis de exceção, em virtude das quais gozam de uma santidade e uma inviolabilidade especiais. O agente de polícia mais esfarrapado do Estado civilizado tem mais "autoridade" do que todos os órgãos da sociedade gentílica juntos. Em contrapartida, o mais poderoso dos príncipes, o maior estadista ou general da civilização bem podem invejar o mais modesto dos chefes da *gens* pelo respeito espontâneo e indiscutido que lhe era tributado. Um se situa precisamente dentro da sociedade; o outro é compelido a pretender representar algo que está fora e acima dela.

Como o Estado surgiu da necessidade de conter as oposições de classes, mas ao mesmo tempo surgiu no meio do conflito subsistente entre elas, ele é, em regra, o Estado da classe mais poderosa, da classe economicamente dominante, classe que, por intermédio dele, converte-se também em classe politicamente dominante, adquirindo assim novos meios para a repressão e exploração da classe oprimida. Assim, o Estado antigo era, sobretudo, o Estado dos donos de escravos para manter os escravos subjugados, tal como o Estado feudal era o órgão de que se valeu a nobreza para manter a submissão dos servos e camponeses dependentes. E o moderno Estado representativo é o instrumento da exploração do trabalho assalariado pelo capital.

Surgem excepcionalmente, entretanto, períodos em que as lutas de classes se equilibram de tal modo que o poder do Estado, como aparente intermediário, adquire certa autonomia em relação às classes. É o caso da monarquia absoluta dos séculos XVII e XVIII que mantinha em equilíbrio a nobreza e a burguesia entre si. De igual modo, o bonapartismo do primeiro império francês e principalmente do segundo, que jogava com os proletários contra os burgueses e com a burguesia contra o proletariado. O mais recente caso desse tipo, em que opressores e oprimidos aparecem de forma igualmente ridícula, é o do novo império alemão da nação de Bismarck; aqui, capitalistas e operários são mantidos em equilíbrio entre si e ambos são igualmente ludibriados em proveito dos depravados "junkers" prussianos.

Além disso, na maior parte dos Estados históricos, os direitos concedidos aos cidadãos são regulados de acordo com a riqueza, ficando evidente que o Estado pode ser dito claramente tratarse de um organismo para a proteção da classe possuidora para protegê-la contra a não possuidora. Foi assim nas classes atenienses e romanas, classificadas segundo a riqueza. Foi assim no Estado feudal da Idade Média, onde o poder político era distribuído conforme a importância da propriedade territorial. E é assim no censo eleitoral dos modernos Estados representativos. Entretanto, esse reconhecimento político da diferença de posses não tem nada de essencial. Pelo contrário, caracteriza até um estágio inferior de desenvolvimento do Estado.

A república democrática, a mais elevada de todas as formas de Estado, em nossas modernas condições sociais se torna cada vez mais uma necessidade inevitável e é a única forma de Estado sob a qual pode ser travada a última e definitiva batalha entre o proletariado e a burguesia – a república democrática, oficialmente, não reconhece mais as diferenças de posses. Nela, a riqueza exerce seu poder de modo indireto, embora mais seguro. Por um lado, sob a forma de corrupção direta dos funcionários do Estado, de que a América é exemplo clássico e, por outro lado, sob a forma de aliança entre o governo e a bolsa de valores. Essa aliança se concretiza com facilidade tanto maior quanto mais cresçam as dívidas do Estado e quanto mais as sociedades por ações concentrem em suas mãos, além do transporte, a própria produção, fazendo da bolsa o seu centro. Um exemplo gritante disso é, além da América, a nova república francesa, e a insuspeitável Suíça também traz sua contribuição nesse terreno. Mas que a república democrática não é imprescindível para essa fraternal união entre bolsa e governo, comprova-o, além da Inglaterra, o novo império alemão, onde não se pode dizer quem o direito universal de voto elevou mais alto, se Bismarck, se Bleichröder. E, por último, é diretamente por meio do sufrágio universal que a classe possuidora domina.

Enquanto a classe oprimida, ou seja, o proletariado em nosso caso, não estiver ainda madura para promover ela mesma a sua emancipação, a maioria de seus membros reconhecerá a ordem social existente como a única possível e, politicamente, será a cauda da classe capitalista, sua ala esquerda mais extrema. Na medida, entretanto, em que for amadurecendo para a autoemancipação, ela irá se constituir como partido independente e elegerá seus próprios representantes e não os dos capitalistas. Assim, o direito universal do voto é o sinal de maturidade da classe operária. No Estado atual, não pode ser nem jamais será mais que disso, mas já é o suficiente. No dia em que o termômetro do sufrágio universal registrar o ponto de ebulição entre os operários, eles saberão, tanto quanto os capitalistas, onde é que estão.

O Estado, portanto, não existiu eternamente. Houve sociedades que passaram sem ele, que não tinham a menor ideia do Estado ou de seu poder. Num determinado estágio de desenvolvimento econômico que estava necessariamente ligado à divisão da sociedade em classes, o Estado, em virtude dessa divisão, tornou-se uma necessidade. Estamos agora nos aproximando com rapidez de um estágio de desenvolvimento da produção em que a existência dessas classes não apenas deixou de ser uma necessidade, mas também se converte num positivo obstáculo à produção. As classes vão desaparecer de maneira tão inevitável como anteriormente surgiram. Com o desaparecimento das classes, desaparecerá inevitavelmente o Estado. A sociedade, que reorganizará a produção na base da associação livre e igual dos produtores, mandará toda a máquina do Estado para o lugar que lhe há de corresponder: o museu de antiguidades, ao lado da roca de fiar e do machado de bronze.

De acordo com o que dissemos até aqui, infere-se, pois, que a civilização é o estágio de desenvolvimento da sociedade em que a divisão do trabalho, a troca daí resultante entre indivíduos e a produção de mercadorias, que resume esses dois aspectos, atinge seu pleno desenvolvimento e revoluciona toda a sociedade anterior.

Em todos os estágios anteriores da sociedade, a produção era essencialmente coletiva e o consumo se realizava também por distribuição direta dos produtos no interior das comunidades comunistas, maiores ou menores. Esse caráter comum da produção verificava-se dentro dos mais estreitos limites, mas trazia consigo a dominação dos produtores sobre seu processo de produção e seus produtos. Sabiam o que era feito do produto: consumiam-no, ele não saía de suas mãos. E, enquanto a produção se processa nessa base, não pode gerar poderes fantasmas estranhos a eles, como ocorre regular e inevitavelmente na civilização.

Nesse processo de produção, a divisão do trabalho vai-se introduzindo lentamente. Ela mina o caráter comum da produção e da apropriação, instaura a apropriação individual como regra predominante, criando, desse modo, a troca entre indivíduos (já examinamos como anteriormente). A produção mercantil acaba se tornando gradualmente a forma dominante.

Com a produção mercantil, a produção não para o consumo próprio e sim para a troca, os produtos mudam necessariamente de mãos. Na troca, o produtor entrega seu produto, deixando de saber o que é feito dele. Assim que o dinheiro, e com ele o comerciante, surge como intermediário entre os produtores, o processo de troca se complica e torna-se ainda mais incerto o destino final dos produtos. Os comerciantes são muitos e nenhum deles sabe o que o outro está fazendo. As mercadorias agora não se limitam apenas a passar de mão em mão, mas também de mercado em mercado. Os produtores já perderam o domínio sobre o conjunto da produção de seu ciclo vital e esse domínio não passou para os comerciantes. Produtos e produção estão entregues ao acaso.

Mas o acaso não é mais que um dos pólos de uma conexão, da qual o outro pólo se chama necessidade. Na natureza, em que também parece reinar o acaso, já há muito demonstramos que, em cada domínio específico, a necessidade e as leis internas se afirmam em tal acaso. E o que é válido para a natureza também o é para a sociedade. Quanto mais uma atividade social, uma série de processos sociais, escapa do controle consciente do homem, quanto mais parece abandonada ao puro acaso, tanto mais as leis próprias, pertinentes, de tal acaso se manifestam como uma necessidade natural. Leis análogas também regem as eventualidades da produção mercantil e da troca de mercadorias. Em relação ao produtor e ao comerciante isolados, aparecem como forças estranhas e no início até desconhecidas, cuja natureza precisa ser laboriosamente investigada e analisada. Essas leis econômicas da produção mercantil se modificam de acordo com os diversos estágios de desenvolvimento dessa forma de produção. Em traços gerais, no entanto, todo o período da civilização está regido por elas.

E ainda hoje, o produto domina os produtores. Ainda hoje, o conjunto da produção da sociedade é regulado, não por um plano elaborado em comum, mas por leis cegas que atuam com a força dos elementos, em última instância, nas tempestades das crises comerciais periódicas.

Vimos acima como, logo numa fase bastante primitiva do desenvolvimento da produção, a força de trabalho do homem se torna capaz de produzir consideravelmente mais do que seria necessário para a subsistência dos produtores e como essa fase de desenvolvimento é, quanto ao principal, a mesma em que surgiram a divisão do trabalho e a troca entre indivíduos. Não se demorou muito tempo para descobrir a grande "verdade" de que também o homem podia servir de mercadoria, de que a força do homem podia chegar a ser objeto de troca e de utilização, desde que o homem se transformasse em escravo. Mal os homens haviam começado a trocar, acabaram eles próprios sendo logo a seguir trocados. O ativo se transformava em passivo, quer os homens quisessem, quer não.

Com a escravidão, que atingiu o seu mais alto grau de desenvolvimento na civilização, instaurou-se a primeira grande cisão da sociedade, numa classe exploradora e numa classe explorada. Essa cisão manteve-se durante todo o período civilizado. A escravidão é a primeira forma de exploração, própria do mundo antigo. Sucedem-na a servidão na Idade Média e o trabalho assalariado nos tempos mais recentes. São essas as três grandes formas de escravidão, características das três grandes épocas da civilização, mantendo-se sempre a existência paralela da escravidão, primeiro abertamente e, agora, de forma velada.

O estágio da produção mercantil com que começa a civilização é caracterizado economicamente pela introdução:

1. da moeda metálica e com ela do capital em dinheiro, dos juros e da usura;

2. dos comerciantes como classe intermediária entre os produtores;

3. da propriedade privada da terra e da hipoteca;

4. do trabalho como forma de produção dominante.

A forma de família que corresponde à civilização e vence

definitivamente com ela é a monogamia, a supremacia do homem sobre a mulher, e a família individual como unidade econômica da sociedade. O Estado é o resumo da sociedade civilizada, sendo, sem exceção, em todos os períodos que podem servir como modelo, o Estado da classe dominante e, de qualquer modo, essencialmente máquina destinada a reprimir a classe oprimida e explorada. Característico da civilização é ainda, por um lado, a fixação da oposição entre cidade e campo como base de toda a divisão social do trabalho e, por outro lado, a introdução dos testamentos, por meio dos quais o proprietário pode dispor de seus bens, mesmo depois de morto. Essa instituição, um golpe direto na velha organização gentílica, não foi conhecida em Atenas até Sólon. Em Roma, é introduzida bastante cedo, mas não sabemos quando[4]. Na Alemanha, foi implantando pelos padres, para que os bons alemães pudessem legar, sem entraves, sua herança para a Igreja.

Com essa organização fundamental, a civilização realizou coisas de que a antiga sociedade gentílica jamais seria capaz. Mas realizou-as pondo em movimento os impulsos e as paixões mais vis do homem e em detrimento de todas as suas melhores disposições. A ambição mais vulgar tem sido a força motriz da civilização, desde seus primeiros dias até o presente e a riqueza, a riqueza e sempre a riqueza, não da sociedade mas desse vil indivíduo isolado, era seu objetivo determinante. Se, na busca desse objetivo, a ciência tem-se desenvolvido cada vez mais e têm-se verificado períodos de extraordinário esplendor nas artes, é porque sem isso teria sido impossível toda a conquista de riquezas de nosso tempo.

Como a base da civilização é a exploração de uma classe por outra, todo o seu desenvolvimento se opera numa constante contradição. Cada progresso na produção é ao mesmo tempo

....
[4] O Das System der erworbenen Rechte (O sistema dos direitos adquiridos) de Lassalle, em sua segunda parte, gira principalmente em torno da afirmação de que o testamento romano é tão antigo como a própria Roma, de que para a história romana nunca teria 'havido qualquer tempo sem testamento'. O testamento teria surgido bem antes dos romanos, como resultante do culto dos mortos. Lassalle, como bom e velho hegeliano, deduz as determinações jurídicas romanas não das relações sociais dos romanos, mais do 'conceito especulativo' da vontade, chegando dessa maneira àquela afirmação totalmente contrária à história. Não se deve estranhar isso num livro que, com base nesse mesmo conceito especulativo, chega à conclusão de que nas heranças romanas a transmissão dos bens teria sido algo de puramente secundário. Lassalle não se limita a crer nas ilusões dos jurisconsultos romanos, sobretudo dos primeiros tempos, ele vai muito além deles (Nota de Engels).

um retrocesso na condição da classe oprimida, isto é, da imensa maioria. Cada benefício para uns é necessariamente um prejuízo para outros; qualquer nova libertação de uma classe é um novo elemento de opressão para a outra. A prova mais eloquente a respeito disso é a própria introdução da máquina, cujos efeitos são hoje conhecidos em todo o mundo. Se entre os bárbaros, como vimos, mal se podia determinar a diferença entre os direitos e os deveres, com a civilização torna-se claro, mesmo para o mais imbecil, a diferença e oposição entre as duas coisas, na medida em que atribui a uma classe quase todos os direitos e à outra quase todos os deveres.

Mas não deve ser assim. O que é bom para a classe dominante deve ser bom para toda a sociedade, com a qual a classe dominante se identifica. Quanto mais progride a civilização, mais se vê obrigada a encobrir os males que traz necessariamente consigo, ocultando-os com o manto da caridade, enfeitando-os ou simplesmente negando-os. Em resumo, introduz uma hipocrisia convencional que sequer era conhecida pelas primitivas formas de sociedade e pelos primeiros estágios da civilização e que culmina com a declaração de que a classe opressora explora a classe oprimida única e exclusivamente no interesse da própria classe explorada. E, se essa não o reconhece e até se rebela, isso será expressão da mais baixa ingratidão contra seus benfeitores, os exploradores.[5]

Para concluir, vejamos agora o julgamento de Morgan com relação à civilização: "Desde o advento da civilização, o crescimento da propriedade tem sido tão enorme, suas formas tão diversificadas, seus usos tão amplos e sua administração tão inteligente no interesse de seus proprietários que se tornou, em relação ao povo, um poder inadministrável. O espírito humano fica desconcertado defronte a sua própria criação. Tempo virá, contudo, em que a razão humana será suficientemente forte para dominar a propriedade

---

[5] Inicialmente, tinha a intenção de apresentar a brilhante crítica da civilização que se encontra esparsa pelas obras de Charles Fourier para transcrevê-la paralelamente à de Morgan e à minha. Infelizmente, falta-me tempo para tanto. Faço notar apenas que já em Fourier a monogamia e a propriedade fundiária são consideradas como as características principais da civilização, que ele chama de uma guerra dos ricos contra os pobres. Em sua obra já encontramos igualmente a compreensão profunda do fato de que em todas as sociedades defeituosas, divididas em oposições, as famílias individuais (les familles incohérentes) são as unidades econômicas (Nota de Engels).

e haverá de definir tanto as relações do Estado e da propriedade, que ele protege, como as obrigações e os limites dos direitos de seus proprietários. Os interesses da sociedade são superiores aos interesses individuais e entre uns e outros deve reinar uma relação justa e harmoniosa. A mera corrida à propriedade não é o destino final da humanidade, a menos que o progresso vier a ser a lei no futuro, como o foi no passado. O tempo que transcorreu desde o início da civilização não passa de uma fração insignificante da existência passada da humanidade e também pequena fração dos tempos ainda por vir. A dissolução da sociedade ameaça tornar-se o término de uma corrida em que a propriedade é a meta e o objetivo, porquanto tal corrida contém em si os elementos da autodestruição. Democracia no governo, fraternidade na sociedade, igualdade de direitos e privilégios e educação universal preanunciam a próxima etapa superior da sociedade, para a qual tendem constantemente a experiência, inteligência e o conhecimento. Será um reviver, numa forma superior, da liberdade, da igualdade e da fraternidade das antigas *gens*." (Morgan, *Ancient Society*, p. 552).

Vida e obras do autor

Friedrich Engels nasceu em 1820 em Barmen, Alemanha, e faleceu em Londres em 1895. Como estudante de filosofia, participou de movimentos de esquerda que visavam a derrubada da religião tradicional e do Estado existente. Em 1842, foi para a Inglaterra, trabalhar na indústria de fiação de seu pai em Manchester. De passagem por Paris em 1844, conheceu Karl Marx, de quem se tornou amigo. Juntos, participaram da fundação da Liga dos Comunistas em 1847 e redigiram o célebre Manifesto do Partido Comunista. Em 1848, Engels tomou parte na insurreição alemã que foi sufocada, sobre a qual escreveu o livro Revolução e contra-revolução. Voltando para a Inglaterra, a fim de assumir a direção da indústria têxtil do pai, lá encontrou Marx, fugindo das perseguições que lhe moviam as polícias de vários países da Europa, a quem ajudou financeiramente.

Em 1870, Engels vendeu a empresa de fiação em Manchester, mudou-se para Londres, onde passou a se dedicar exclusivamente a seus estudos e pesquisas, além de tomar parte ativa na luta revolucionária de cunho comunista. Sua experiência como industrial lhe permitiu vivenciar toda a problemática do operariado, além de entender todo o processo de produção capitalista. Essa experiência no mundo do trabalho e da produção lhe foi de grande valia para as análises profundas que apresenta em suas obras, em sua maioria sobre esses temas, além de fornecer muitos dados a Marx que os utilizou em sua obra *O Capital*.

IMPRESSÃO E ACABAMENTO:
GRÁFICA OCEANO